大学英语教学方法与策略研究

刘 琼 著

吉林出版集团股份有限公司
全国百佳图书出版单位

图书在版编目（CIP）数据

大学英语教学方法与策略研究 / 刘琼著. -- 长春：吉林出版集团股份有限公司, 2022.9
ISBN 978-7-5731-2278-0

Ⅰ.①大… Ⅱ.①刘… Ⅲ.①英语 - 教学研究 - 高等学校 Ⅳ.①H319.3

中国版本图书馆CIP数据核字(2022)第173455号

DAXUE YINGYU JIAOXUE FANGFA YU CELUE YANJIU
大学英语教学方法与策略研究

著　者	刘　琼
责任编辑	杨　爽
装帧设计	肖慧娟

出　　版	吉林出版集团股份有限公司
发　　行	吉林出版集团社科图书有限公司
地　　址	吉林省长春市南关区福祉大路5788号　邮编：130118
印　　刷	唐山富达印务有限公司
电　　话	0431-81629711（总编办）
抖 音 号	吉林出版集团社科图书有限公司 37009026326

开　　本	787 mm×1092 mm　1 / 16
印　　张	12.25
字　　数	180 千
版　　次	2023 年 1 月第 1 版
印　　次	2023 年 1 月第 1 次印刷

书　　号	ISBN 978-7-5731-2278-0
定　　价	58.00 元

如有印装质量问题，请与市场营销中心联系调换。0431-81629729

前　言

　　随着世界一体化进程的加快,英语作为世界通用语言,在世界各国的技术交流、经济合作方面起着非常重要的作用。因此,学习英语正在变成一种全民活动。随着素质教育改革的逐渐深入,各种教学方法、教学理念进入教育前线。高等院校作为人才培养的重要场所,对于培养学生专业能力以及职业技能有着非常重要的作用。英语作为一门现代外语课程,一直受到教育者们的重视,而如何提升高校英语教学效率,是高校英语教师面临的一项难题。本书针对当前英语教学中出现的问题,结合具体的教学实践知识,提出了相应的解决对策及建议,以期通过本书的介绍,迎合当代学生个性化学习的要求,提升大学英语整体教学质量。

　　本书以大学英语教学概述为切入点,结合大学英语教学中的理论基础内容介绍,系统地对基于多模态话语理论的大学英语教学模式、互联网推动下翻转课堂教学模式的应用进行研究与讨论,最后探讨了大学英语课堂教学的延伸及教学质量评价。希望本书能够为读者提供大学英语教学方法与策略研究方面的帮助。

　　在写作过程中,笔者参阅了相关文献资料,在此,谨向其作者深表谢忱。

　　由于笔者水平有限,疏漏和缺点在所难免,希望得到广大读者的批评指正,同时衷心希望同行不吝赐教。

刘　琼
2022 年 4 月

目 录

第一章 大学英语教学概述 ………………………………………… 1
  第一节 教学模式 …………………………………………………… 1
  第二节 课程管理 …………………………………………………… 6
  第三节 大学英语教学模式的现状 ………………………………… 13
  第四节 大学英语教学准备 ………………………………………… 23
  第五节 大学英语教学中的影响因素 ……………………………… 25

第二章 大学英语教学中的理论基础 ……………………………… 45
  第一节 教育心理学基础 …………………………………………… 45
  第二节 语言学基础 ………………………………………………… 65

第三章 基于多模态话语理论的大学英语教学模式 ……………… 72
  第一节 多模态话语各模态之间的协同关系 ……………………… 72
  第二节 多模态话语的认知过程分析 ……………………………… 85
  第三节 认知理论与多模态英语教学的整合与同构 ……………… 104

第四章 互联网推动下翻转课堂教学模式的应用 ………………… 118
  第一节 英语翻转课堂的理论基础 ………………………………… 118
  第二节 翻转课堂与传统课堂的碰撞与对接 ……………………… 131
  第三节 翻转课堂教学模式的价值 ………………………………… 139
  第四节 慕课视域下的英语翻转课堂实践模式探索 ……………… 142

第五节 翻转课堂在英语教学中的发展前景 …………………… 153

第五章 大学英语教学方法的创新研究 ………………………… 155

第一节 大学英语教学方法的选择 ……………………………… 155

第二节 合作学习法的实践研究 ………………………………… 158

第三节 自主学习法的研究 ……………………………………… 169

第四节 任务型教学法的研究 …………………………………… 181

参考文献 …………………………………………………………… 189

第一章 大学英语教学概述

第一节 教学模式

英语作为一门国际通用语言,发挥着极其重要的作用。当前社会对大学生的英语水平提出了更高的要求,因此,高校对大学英语教学质量的提高也势在必行。研究表明,目前,大学英语教学存在以下问题:过分强调语言基础知识的学习,忽略了语言能力的培养;学生数量在高校扩招的背景下骤增,使得英语教师的质量和数量不能满足需要;教学模式和方法落后,不能充分利用先进的、现代化的教学手段;缺乏统一的、科学的英语教学管理体系,教学考核测试手段单一等。为了探索我国英语教学的模式,体现"做中学"的教育指导思想,解决英语教学普遍存在的费时较多、收效较低的问题,教育部于 2002 年启动了新一轮大学英语教学改革,措施之一是重新修订《大学英语教学大纲》,并分别于 2004 年和 2007 年颁布了《大学英语课程教学要求(试行)》和《大学英语课程教学要求》(以下简称《要求》)。

根据《要求》,大学英语教学改革的重点在于提高大学生的英语应用能力、自主学习能力和跨文化交际能力。《要求》在课程设置部分明确提出,"大学英语课程的设计应充分考虑听说能力的要求""设计大学英语课程时也应充分考虑对学生文化素质的培养和国际文化知识的传授""无论是主要基于计算机的课程,还是主要基于课堂教学的课程,其设置都要充分体现个性化",要"确保不同层次的学生在英语应用能力方面得到充分训练和提高",同时也提出"英语教学的实用性、知识性和趣味性相结合的原则",要使英语教学"朝着个性化学习、自主式学习方向发展"。

一、建构主义教学模式

建构主义教学模式是在建构主义学习理论指导下建立起来的,是建构主义理论应用于课堂教学的教学模式。它提倡的学习方法是教师指导下的、以学生为中心的学习,其学习环境包括情境、协作、会话和意义建构四大要素。因此,建构主义教学模式主张在教师指导下,以学生为中心的学习。学生是信息加工的主体,是知识意义的构建者,而不是外部刺激的被动接受者和被灌输的对象;教师则是意义构建的帮助者和促进者。概而述之,建构主义教学模式是指在教学过程中,在教师指导下,以学生为中心,以探究为主要学习方式,利用情境、协作、会话等学习环境要素,充分发挥学生的主动性、积极性和首创精神,使学生有效地实现当前所学知识意义构建的教学程序及其方法策略体系。

建构主义思想自皮亚杰提出以来,在其后对学生的学习进行考虑和反思的发展过程中形成了多种流派。虽然各流派在对知识、学习、教师和学生等问题的看法上有许多共同之处,对教学目标的要求基本一致,但由于各流派的侧重点不同,教学中所采取的教学方式和步骤也不一样。目前,研究比较成熟的有抛锚式建构主义教学模式、支架式建构主义教学模式和随机进入建构主义教学模式等。

二、研究性教学理念

研究性教学是在建构主义学习理论下形成的与之相适应的一种教学模式和方法。建构主义理论包括认知建构主义和社会建构主义。认知建构主义的开创者皮亚杰和社会建构主义奠基人维果茨基一样重视学习的认知过程,把学习看成是学生主动"建构"知识的过程,而不是通过他人"给予"而被动接受和使用的过程。

以建构主义为理论支撑的研究性教学是指学生在教师指导下,以类似科学研究的方式去主动获取知识、综合运用知识解决问题的一种学习方式。研究性学习与一般意义的科学研究具有一定的相似性,如在研究过程中两者都要遵循提出问题、收集资料、形成解释、总结成果这样一个基本的研究程序。在这里,知识都以问题的形式呈现，知识的结论要经过学生主动地思考、求索和探究。可见，研究性教学理念的本质是学生主动参与的探索性学习。思维是学习的动力，学生是学习的主人，因此"外语是学会的"，"学"在这里是研习的意思。

在大学英语教学中，倡导研究性教学理念，应该说是为内容教学提供了一条新思路。众所周知，外语是一门工具性质的学科，而大学英语的工具性就更突显出来了。由于没有实质的教学内容，没有像高考这样的教学目标，所以大学英语的听说读写技能训练就变得枯燥又机械。而研究性教学使大学英语教学第一次有了真正的教学内容，并且在完成项目的研究过程中，学生的外语能力在实践中得到了锻炼，学生的思辨能力、创新能力得以发展，学生的学习能动性从根本上得到了改观。

但是研究性教学又不是完全淡化外语技能的培养。事实上，将所学的语言知识应用于信息获取、问题分析、精确讲说、书面写作等过程更能培养学生把外语作为一门工具的语言能力。另外，研究性教学在大学英语中的应用又有别于英语专业的研究性教学。英语专业的研究性教学是对英语语言学、文学和英语文化等的专业知识的学习和研究。而大学英语的研究性教学是让学生在一定范围内自主选题，题目可以是人文社会的，也可以是自然科学的，这样既锻炼了学生的语言能力，又培养了学生的思维能力，扩展了学生的知识面，一举多得。

近年来，美国和日本等国家都设置了类似的"研究型"课程，其共同点是重视知识的掌握，更注重学习的方法，强调主动学习、科学精神与人文情怀并重。

三、人本主义学习理论

人本主义学习理论对学习本质的揭示是从人的自我实现和个人意义的角度加以描述的，认为学习是个人自主发起的，使个人整体投入其中并产生全面变化的活动，是个人的充分发展，是人格的发展，更是自我的发展。根据人本主义学习理论，美国心理学家马斯洛、罗杰斯等创立的人本主义理论提出了以下十条学习原则：

（1）人生来就对世界充满好奇心，人生来就有学习的潜能。

(2)当学生觉察到学习内容与自己的目的有关时,有意义的学习就发生了。

(3)当学生的信念、价值观和基本态度遭到怀疑时,他往往会有抵触情绪。

(4)当学生处于相互理解和支持的环境里,在没有等级评分却鼓励自我评价的情况下,就可以消除嘲笑和失败带来的不安。

(5)当学生处于没有挫败感却具有安全感的环境里,就能以相对自由和轻松的方式去感知书本上的文字和符号,区分和体会相似语句的微妙差异。换言之,学习就会取得进步。

(6)大多数有意义的学习是边干边学、在干中学习知识的。

(7)当学生负责任地参与学习时,就会促进学习。

(8)学生自我发起并全身心投入的学习,最深入,也最能持久。

(9)当以自我批判和自我评价为主,他人评价为辅时,就会促进学习的独立性、创造性和自主性。

(10)现代社会最有用的学习是洞察学习过程,对实践始终持开放态度,并内化为自己的知识积累。

简而言之,人本主义理论主张以学生为中心的英语教学模式,而以学生为中心的关键是使学生感到学习具有个人意义。

人本主义学习理论强调学习是一个情感与认知相结合的精神活动。在学习过程中,情感和认知是彼此融合、不可分割的两个部分。整个学习过程是教师和学生两个完整的精神世界的互相沟通、理解的过程,而不是以教师向学生提供知识材料的刺激,并控制这种刺激呈现的次序,期望学生掌握所呈现知识并形成一定的自学能力和迁移效果的过程。由此可以理解,教学也不再是以教师为中心,以知识输入讲解为主要方式的活动了。要使整个学习活动富有生机、卓有成效,就需要以学生为中心,深入其内在情感世界,以师生间的全方位的互动达到教学目标。这不同于多年来我国大学英语教学课堂以教师为主体,以教师讲解传授为主要形式的教学方法。

四、后现代主义教学观

后现代主义教学观是在对教育"现代性"进行深刻反思的基础上形成的,具有开放性、超前性和创新性等特点。

后现代主义在我国最早出现在20世纪80年代初的《读书》杂志上。1985年美国杜克大学的弗·杰姆逊教授在北大开设了"后现代主义与文化理论"专题课,在此之后,后现代主义在中国得到了快速发展。总体而言,它是对现代主义所崇尚的总体一致性、规律性、线性和共性及追求中心性的排斥,主张以综合、多元的方式去建构,具有非中心性、矛盾性、开放性、宽容性和无限性等特征。

后现代主义教学观对大学英语教学改革的启示表现在以下五个方面:

(1)在打破"完人"教育目的观的同时,后现代主义者提出了自己的教学目的观,主张学校的教学目的要注重学生各方面的发展,不强求每个受教育者都得到全面发展,要培养学生成为符合自己特点及有生活特殊性的人,培养具有批判性的公民。

(2)后现代主义认为,现代主义的课程观是不科学的、封闭的。多尔从建构主义和经验主义出发,吸收了自然科学中的理论,把后现代主义课程标准概括为四种原则,即丰富性、循环性、关联性及严密性。

(3)后现代主义认为,教学过程是一个自组织过程。自组织是一个通过系统内外部诸要素相互作用,在看似混沌无序的状态下自发形成有序的结构的动态过程。

(4)后现代主义的师生观认为,在传统的教学中,教师处于知识传授的中心地位,而学生处于被动和弱势的接受地位。教师是话语的占有者,学生的自主性和潜能受到了压制,故后现代主义认为,必须在课堂教学中建立师生平等对话的平台。在科学技术日新月异的影响下,知识的传播已经发生了很大的变化,教师的主要任务是教会学生使用终端技术和新的语言规则。在师生关系中,教师从外在于学生的情景转向与情景共存,教师的权威也转入情景之中,是内在情景中的领导者,而非外在的专制者。

(5)后现代主义的教学评价要求实施普遍的关怀,着眼于学生无限丰富性发展的生态式激励评价,让学生充满自信,使每个个体都各得其所,始终获得可持续发展的动力。它强调教学评价应该体现差异的平等观,即使用不同的标准、要求,评价不同的对象,主张接受和接收一切差异,承认和保护学生的丰富性、多样性。

五、学术英语教学理念

学术英语也是近年来在大学英语教学改革中提到的一个新的课程设计理念，主要是针对在大学英语教学中盛行了几十年的基础英语提出的。基础英语的教学重点是语言的技能训练，包括听、说、读、写、译等。学术英语分为两大类：一般学术英语和专门用途英语。前者主要培养学生书面和口头的学术交流能力，后者主要涉及工程英语、金融英语、软件英语、法律英语等课程。

以学术英语为新定位的大学英语教学，既区别于以往的以语言技能训练为主的基础英语，也区别于大学高年级全英语的专业知识学习或者"双语教学"，当然也区别于英语专业学生所学的人文学科方面的专业英语。它是基础英语的提高阶段，即在学生掌握了一定的规则和词汇，达到了一定的水平后，为他们用英语进行专业学习做好语言、内容和学习技能上的准备，是在大学基础教育阶段为今后全英语专业知识学习打下基础的一种教学模式。

第二节　课程管理

长期以来，在英语的教学观念和教学实践中，人们比较热衷于探索各种各样的人才培养方案、教学方法、教学模式等，却很少思考甚至忽略了有效管理与大学英语课程建设的关系，更不用说采用科学的管理理论和实践来指导和推动大学英语课程建设了。因此，如何探索有效的大学英语课程管理，推动英语教学改革和发展，不断提升大学英语教学水平和教学质量，成为当前大学英语教学探讨的热点之一。

一、课程管理的内涵

目前，我国对大学课程管理这一术语有着不同的定义。下面列举了五种定义：

(1)课程管理是系统地处理编制技法和人、物等条件的相互关系，以教育目标为准绳加以组织的一连串活动的总称,其管理的核心是课程编制。

(2)课程管理是对课程设置、实施和评价的组织、领导、监督和检查。

(3)课程管理是在一定的条件下,有领导、有组织地协调人及物与课程的关系,指挥课程建设与课程实施,使之达到预定目标的过程。

(4)课程管理是学校对教学工作实施管理,是学校管理者遵循教学规律,行使管理职能,对教学活动各因素进行合理组合,使教学活动有序高效地进行,从而完成教学计划和教学大纲规定的教育教学任务。

(5)课程管理是部署和组织学校的课程设计,指导和检查学校课程的设施,领导和组织学校的课程评价。

这五种定义对课程的外延有两种不同的理解:一种是把课程看作教学的下位概念,认为教学管理包含了课程管理;另一种认为课程与教学存在一定联系,课程是教学的上位概念,其含义大于教学。在此基础上,从微观、中观和宏观三个不同层次分析和讨论课程管理,可将其定义为:大学课程管理就是在一定社会条件下,课程管理者依据一定的管理原则和运用一定的管理方法,对一定课程系统的人、财、物、课程信息等因素进行决策、计划、组织、指挥、协调和控制,以有效地实现课程预期目标的活动。该定义适用于所有课程,对高校的课程管理具有较强的指导意义。在该定义的基础上,可将"大学英语课程管理"定义为:大学英语课程管理就是在一定社会条件下,学校各级课程管理者依据一定的管理原则和运用一定的管理方法,对大学英语课程系统的人、财、物、课程信息等因素进行决策、计划、组织、指挥、协调和控制,以培养学生英语综合应用能力(特别是听说能力)和自主学习能力,提高他们的综合文化素养,以更好地满足我国经济发展和国际交流的需要。

从上述定义可以看出,大学英语课程管理活动涉及四个基本要素,即管理主体、管理客体、管理手段和方法以及管理目标。这四个要素相互影响,相互制约。大学英语课程管理的主体由学校主管教学的副校长、教务处、外语学院、大学外语教学部、教研室和教师六个层次组成,承担从学校大学英语人才培养方案的制订到具体实施这些具体工作任务。大学英语课程管理的客体范围较广,既包括教师和学生这样的"人",也包括图书馆、实验室和自主学习中心这样的"物",还包括教学经费的预算和实际支出、相关信息资源等。大学英语课程管理的手段和方法是衔接管理主体和客体的纽带,管理主体通过这条纽带对管理客体实施决策、计划、组织、协调和控制等管理职能。管理手段和方法是一个可变项,对成功的课程管理和高质量的人才培养有较大的影响。大学英语课程管理目标是大学英语课程系列活动要实现的目标,是学校大学英语人才培养的目标,是学校办学的核心指导思想。

二、大学英语课程管理的意义

长期以来,在大学英语课程管理方面存在"自然论"和"部门论"两种观点。"自然论"者认为,大学英语教学质量主要取决于教师的教学质量和学生的努力程度,如果教师的素质差,学生又不努力,那么无论怎样管理,效果也不明显。"自然论"的本质是否定大学英语课程管理的功能和作用。"部门论"者认为,大学英语课程管理是学校教学管理部门和专职管理人员的事,与其他职能部门和人员无关。不容忽视的是,学校领导者如果能够在学校里营造一种积极的氛围,让广大教师和管理人员都主动参与课程编制,充分调动教师、管理者和学生三方面的积极性,以相互协作的方式组织和实施教学,那么学校的教学质量和管理效益将会大大提高。

(一)有利于强化责任意识

参与大学英语的管理人员上至学校主管教学的副校长,下至实施具体教学计划的普通教师,如果管理工作到位,分工细致,责任明确,那么每个环节的工作进展情况都会一目了然,哪里出了问题,或者没有按计划完成,不用细究都会知道是谁的责任。例如,教材征订,期末考核试卷命制,学生成绩的评判,补考时间和地点的安排,监考人员的安排,调停课的管理,课堂组织等,如果工作分工明确,一旦出了差错,自然就有人承担责任。因此,只要加强课程建设和管理工作,明确责任和义务,教学管理过程中的每个人不仅会尽心尽力履行自己的职责,还

第一章 大学英语教学概述

会精诚协作,共同做好管理工作。

(二)有利于提高模块化工作的效率

大学英语课程管理工作的周期较长,可分为显性管理时段(一、二年级修读大学英语的学生,大学英语为必修课)和隐性管理时段(三、四年级没有大学英语必修课程的学生选修大学英语公选课程,参与第二课堂活动)。为了提高管理效益,可将工作划分成若干模块,即贯穿整个管理工作的大小事务可以分成若干模块(如教学计划的制订,教学计划的实施,第二课堂活动的设计,网站的建设,师资队伍建设,学生反馈意见的收集,与其他学院教务人员的联系等)。进行模块化管理是大学英语课程管理工作的一大特点,由于很多模块化工作具有阶段性特征,每个模块犹如链条中的一段,只要它们运转正常,整个链条就不会分崩离析,就实现了大学英语课程管理的整体化管理效益。所以,加强课程管理能保证模块化工作的顺利开展,进而深化大学英语教学改革,提高学生英语技能。

(三)有利于开发课程资源

模块化的大学英语课程管理通过不断改进和完善管理过程,把课程建设向纵深推进。各模块的负责人竭尽全力地集思广益,加强自己分管模块的建设工作,以更好地服务学生。例如,在管理过程中,课程开发模块通过问卷和访谈等形式征集学生意见,不断推出大学英语公共选修课程,以满足个性化选课需求,真正确保把成才选择权交还给学生;第二课堂模块会以趣味性、参与性等为活动宗旨,不断丰富活动内容和形式,确保第一课堂和第二课堂之间的联动;大学英语网站建设模块会紧跟时代步伐,基于学生学习需求不断地更新网站内容,以促进学生的自主学习;其他模块也不断采取措施,深挖自己模块的资源,以更好地服务学生。

(四)有利于优化第一课堂内容

随着大学英语教学改革的不断推进,各校正逐渐摒弃过去那种计划性课程安排,即教师的教学班由大学英语部统一安排,学生没有选择教师的权利。这种课程安排模式忽视了学生对课堂教学质量的反馈,不利于激发教师的教学积极性,最终会影响全校的大学英语教学质量。而实施把成才选择权交还给学生这一教改措施后,学生具有挑选教师的权利,那些拘于传统教学方法、课堂缺乏互动、信息素养跟不上时代发展要求的教师,就很少甚至没有学生选修他们的课程。这一改革迫使教师不断更新教学内容,丰富课堂活动,注重教学质量。对于学生还没有选课权的学校来说,强化大学英语课程管理同样能优化课程内容。因为诸多的教学管理过程能体现某位教师的教学质量。例如,中期检查时,通过领导和同行的听课可以了解到教师的教学积极性和投入度、教学模式、学生的课堂参与情况等;通过学生座谈可以获取学生对教师教学的整体接受度;通过学生平时成绩记分册可以洞彻教师是否始终如一地坚持认真教学。期末考试后,通过纵向(与这个班上学期的成绩比照)和横向(与本学期其他教学班比照)比较,可以了解学生的英语水平。因此,一旦把课程作为一个评价单元,教师所要承担的责任就比较明晰了,如果教学效果不理想,教师就要负主要责任。

(五)有利于学生了解大学英语课程建设轨迹

由于加强大学英语课程管理的终极目标是提高教学质量,最大受益者是学生。因此,在开展各项活动之前,教师要思考学生能否从这项活动中受益,受益有多大,还应看到大学英语课程管理是多层次、多维度的。虽然开展的有些活动和采取的管理措施以学生为间接受益者,但是他们从中可以了解本校大学英语课程管理和建设的轨迹。例如,为了展示自己的课程建设成绩,各校会积极申报各级精品课程和视频公开课、各级教学成果奖、各级优秀教学团队、各级优秀教材建设、各级优秀教学课件等,这些活动的申报书内容会涉及课程管理和建设所采取的措施、取得的成绩、优势或强项,以及下一步的建设目标等。学生掌握这些信息后,不但了解了目前本校大学英语课程管理和建设轨迹,还清楚了学校下一步的教改方向。最重要的是,学生能以此为蓝本对自己的大学英语学习进行规划和定位。

三、大学英语课程管理的内容

大学英语课程管理包括课程生成系统管理、课程实施系统管理和课程评价系统管理三大板块。课程生成系统探究如何将教育思想、教育观念和教育理论融入课程总体方案,在此基础上确定课程教学目标、课程内容等;课程实施系统研究教师如何有效地传授知识,让学生把一门课程的内容内化成自己的知识和技能;课程评价系统旨在保障课程质量。大学英语作为独立的课程而自成体系,由于各学校的校情不同,管理的内容和管理模式自然就有所差异。在过去二十多年的大学英语课程管理中,我们尝试加强了以下五个方面的建设力度:

(一)制定教学文件

教学文件是课程建设的指导性文件,包括各门课程(含大学英语在内)的教学大纲、课程描述、教学安排、教学进度表、考试大纲等,其中最重要的是教学大纲和课程大纲。教学大纲是学校教学的纲领性文件,指导本校人才培养方向。每门课程的教学大纲可从以下方面对该课程进行描述:教学对象、教学目的、教学要求、选修课程、教学安排、教学环境、评价形式、教材和参考书,以及教学中应注意的问题。课程大纲是严格按照教学规律制定的一门课程的指导性文件,是教材编写或选用、组织实施教学、课程评价、教学过程检查的主要依据。大学英语课程大纲的制订应该是国家语言政策和语言教育政策以及社会和个人对英语教学需求分析结果的产物,涉及相关学科领域,尤其是外语教学理论研究、心理学和教育学等领域的最新研究成果。有条件的学校应该对大学英语教学大纲格式进行统一要求,然后汇编成册,作为课程资源和选课参考资源供学生随时查阅。

(二)完善课程体系

课程设置和教学大纲是课程管理的集中体现,也是课程管理的主要依据。

《大学英语课程教学要求》明确指出,各个学校应当根据本校的实际情况,按照《大学英语课程教学要求》确定本校的大学英语教学目标,并以此为基础设计本校的大学英语课程体系。该课程体系除了包括传统的面授课程以外,更应注重开发基于计算机、网络的大学英语课程,将综合英语类、语言技能类、语言应用类、语言文化类和专业英语类等必修课程和选修课程有机结合,形成一个完整的大学英语课程体系,以确保不同层次的学生在英语应用能力方面得到充分的训练和提高。第一课堂是人才教育的主战场,要培养适应我国经济发展和国际交流的高素质人才,就必须对本校资源和学生需求进行充分的调研,从是否有足够的理论依据、是否适合学生目标、是否具有成功实施的可能性、是否有效果的可评性四个方面对拟设课程加以论证,在此基础上构建完善的大学英语课程体系。该体系可包括大学英语周末强化课程、大学英语预修课程、大学英语必修课程、大学英语通识课程、大学英语选修课程、英语辅修专业课程、双语课程和专业英语课程。

(三)建立课程管理机制

课程管理是围绕教师的教、学生的学和资源利用开展的管理。建立健全的课程管理制度是为强化课程管理,稳定教学秩序,加强教学质量控制而制定的系列规章、制度、条例、规则、细则和守则等。它具有一定的约束力,是全体师生和教学管理人员必须共同遵守的行为准则。完整的大学英语课程管理机制包括学校、教务处、校学生会、校团委和外语学院等相关部门制定的相关规章、制度、条例、规则、细则和守则。就外语学院来说,这方面的常见制度有"教师教研活动制度""教师集体备课制度""教师集体阅卷制度""教师听课、评课制度""教师调、停课管理规定""多媒体教室使用规定""大学英语自主学习中心使用细则""外语学院资料室借阅细则"等。这些规章制度有利于推动规范化管理,约束大学英语教师和相关管理人员的行为,提高办学效率和资源利用率,为提高大学英语教学的整体水平打下坚实的基础。

(四)整合课程资源

课程资源是制约学校课程发展的一个重要因素。学校课程的丰富多彩和独特课程个性的形成,都需要大量的课程资源予以支撑。英语课程资源是指包括英语教材在内的一切有利于培养和发展学生综合语言运用能力、提高教师素质的物质条件和其他非物质条件。非物质的课程资源主要包括英语教师、学生、学生家长和其他一切社会人士。校内物质条件方面的课程资源主要表现为各种各样课程教学材料的实物或形式。

(五)加强师资队伍建设

严格来说,教师也是课程资源。由于教师是教学活动的主持人、课程的设计者和提供者,在课程管理和建设中有着不可替代的作用,是影响教学质量的关键因素之一,因此要着重讨论。各校应该根据具体的业务水平、专长和特点充分分析和利用本校的大学英语教师资源。一方面,按照"职才相应"和"按需设岗"两大原则合理安排工作,做到"知人善任,扬长避短";另一方面,要多渠道、多模式地开展教师培养,如学历提升,国内外短期访学,到名校进修并移植某门课程,学术沙龙,教授帮带,与外教联合授课,说课竞赛,同行和领导听课等,以绩效观测、全面衡量、动态发展为考核原则,制定考核指标和考核时间,引导教师在规定时间内全面提升自己的教学和研究能力,以适应新时期大学英语教学。

第三节 大学英语教学模式的现状

目前,我国高等教育仍未脱离普通高校传统的教学模式。事实证明,传统型教学模式已经远不能满足不断发展的高等教育培养目标的需求。为此,必须建立一种具有中国特色的,能够培养出高级技术复合型人才的现代教学体系。

一、"传统型教学模式"存在的弊端

面对信息社会与知识经济时代的到来,传统教学模式已明显地暴露出了固有的弊端,如单一的教学手段;教师"一言堂""满堂灌"的教学方法;教材内容的陈旧滞后,教学与科研生产相分离;教师知识结构的老化等。传统型教育模式必然要受到以下三方面的冲击与挑战:一是缺乏竞争意识,无法抗拒市场经济的冲击。市场经济的全球化正在影响人才的走向,而经济竞争是对人才的竞争。二是封闭式教学方法的弊端无法应对知识经济的挑战。现今社会已进入知识经济主导下的"学习革命"时代,学校教育与社会实践要开始为社会创造效益,并且学生走上就业岗位后仍需不断地学习。三是传统型教学模式不能像现代教学方式一样充分利用高速网络与信息传输技术、高新的教学设施、先进的教学手段和现代化的教学环境。

近年来,人们对大学英语教学改革的呼声越来越大,大学英语教学低效费时的弊端日益受到人们的关注。因此,为了促使我国大学英语教学改革,提高大学英语教学的效率,必须先对大学英语教学中存在的问题进行探索。

(一)英语教学问题综述

我国学生从小学到中学、大学,甚至到硕士、博士,都将大量的时间和精力投入了英语学习中,特别是从举行全国四、六级统考以来,大学英语教学受到了空前的重视。但是,我国学生英语的整体水平不高。虽然目前各高校英语教学条件、设施都得到了较大的改善,学校领导、教师及学生都付出了较大努力,但始终没能获得应有的效果。另外,对于非英语专业的学生来讲,学习英语的目的多是应付英语四、六级考试,一旦过关就把英语抛到脑后。当然,也有一些学生对英语学习非常重视,将大量精力放在英语学习上,甚至抛下了专业课知识。即使花费了不少时间,在实践中运用英语时还是说不清,也听不懂。种种问题的确让人无奈。

学生英语水平普遍不高与英语教学的方式存有很大关联。在课堂上,教师一直讲,学生只听、做笔记,却害怕开口,害怕提问。学生在课余时间也只是背单词、背笔记,做机械性的训练。这样完全没有启发式的教学方法既无法提高学生英语学习的兴趣,也无法提高他们的英语成绩。

(二)英语教学中的具体问题

1. 受"应试教育"的制约

应试教育是传统英语教学模式的一个基本目标。它与素质教育的根本区别在于"考试观"的不同。考试主要具备两种功能:评价功能和选拔功能。在"应试教育"思想的长期影响下,人们更加看重考试的选拔功能。例如,大学英语四、六级考试早已成为大学英语教学的指挥棒,通过率是评价学校及教师的一个主要标准。同时,这又让四、六级考试的应试性特点得到了强化,使得考试失去了其应有的作用,提高学生英语应用能力的目标得不到落实。事实上,语言学习应该做到多听、多说、多读、多写,特别是多背。语法知识固然很重要,但获得外语的"语感"更加重要,这就需要背诵。没有背诵,也就失去了外语学习的"脊梁骨"。背诵不仅是背单词,更重要的是背诵课文。而英语四、六级考试的题型主要是选择题,所以学生将大量的时间花在了背语法、词汇和做大量模拟试题上。由于他们更加看重答案的标准性、唯一性,不愿意诵读课文,忽视了课堂上的讨论和交流,所以在心理上很排斥交际活动,过分依赖教师的讲解,逐渐丧失了思考、质疑、创新的能力。学生虽然具备了较强的应试技巧,但交际能力较差。此外,传统的英语教学模式是单调乏味的,严重制约了英语教与学两方面的积极性。教师在课堂上习惯地采用以讲授为中心的、单向的、非交际的"满堂灌"教学方法,使得原本应当生动活泼的学习过程变得死气沉沉。在这种呆板、单一的教学环境中,教师机械地讲,学生被动地听,课堂教学无法活跃起来,学生的语言交际能力也得不到提高。这样的教学过程也就失去了新奇性,对处于被动接受的学生来说,课堂学习效率就很难提高。

2. 教学模式和教学方法单一

目前,我国英语的教学模式存在呆板和落伍的问题,主要体现在两方面:一是我国的英语教学仍沿用传统的教学模式。然而在英语教学中,教师不但要向学生传授必要的语言知识,还应该启发和引导学生运用所学进行广泛阅读和其他交际等实践活动。但是,在相当长的一段时间里,我国的英语教学一直都采用"书本加黑板"的传统教学模式。这种模式不仅忽略了教与学之间的关系,而且忽略了英语教学的根本目的是要培养学生的交际能力,导致学生出现了独立运用语言能力差、对教师依赖性强、"高分低能"等现象,很多学生"只会考试,不会应用"。二是教学手段单一、落后。随着现代技术的发展,出现了很多现代化的教学手段,学生可以在更广泛的范围内接触和学习英语。但从实际情况来看,现代教育技术在英语教学中的应用还是不够的。尽管一些学校使用了诸如多媒体、网络等教育手段,但实际效果并不理想。这一方面是由于学生数量多与现代化设备相对少之间的矛盾,从而在整体上缺乏多媒体学习环境所导致的;另一方面也与学校乃至英语教师本身不重视现代教育技术的真正作用,致使很多现代化教育设备无法发挥其训练和实践的功用有很大关系。可见,要激发学生对英语学习的兴趣,提高他们综合运用英语的能力,就必须改革英语教学手段,优化学生的学习环境。

3. 教材选择存在弊端

教材在很大程度上决定着课程的教学目的和教学方法,因此,对于任何一门课程而言,教材的设计和选择都非常重要,甚至决定了这一门课程教学的成功与否,英语教学也不例外。目前,我国非英语专业的大学英语教材在内容选择上重文学、重政论,忽视了现代社会实用型内容。改革开放以来,虽然社会各方面都得到了较快的发展,但是外语教学却止步不前,特别是在教材上,教材内容已与现代社会相脱节,教材设置的目标已不能满足现代外语教学的需求。

自20世纪90年代以来,虽然我国引进了合编的或原版的英语教材,并在我国本土教材的设计上有了较大改变,教材编写与内容挑选基本属于英美文学取向,其中不少选文出自名家,但是这些教材只追求可教性与可学性,而忽视了实用性,学生从课本上学到的知识没办法在社会交际中得到应用,从而渐渐对英语学习失去兴趣。

因此,要想设计一本好的英语教材,应该考虑以下六个因素:①好的教学指导思想。②内容的安排和选择符合教学目标。③体现先进的教学方法。④教材的组成是否完整包括了学生用书、教师用书、练习册、录音带(或录像带、多媒体光盘)等组成的立体化教材。⑤教材的设计是否合理,即教材的篇幅、版面安排、图文比例和色彩等是否合理。⑥教材语言的素材是否真实、地道。

总之,作为教材的直接使用者,教师可以结合以上因素为教材的设计提出建议,开发出适合我国学生的科学性教材,从而促进我国英语教学的发展。

二、大学英语教学改革需要寻找新定位

大学英语教学改革已取得了明显成效:①教学标准建设取得了重大进步。②教学方法取得了重大进步。充分利用现代信息技术特别是网络技术,构建基于课堂和计算机的大学英语教学新模式。③项目建设取得了重大进展。全国100所高校成为大学英语改革示范点,教育部、财政部"十一五"质量工程的教学团队建设和教学名师评选取得成效。④教师队伍建设取得了重大进步。教师整体学历和教学能力逐年提高。⑤四、六级考试改革稳步推进。与此同时,我们也必须看到大学英语教学改革还存在很多不容忽视的问题:教学模式相对单一,大学生英语综合应用能力不强,大学生英语学习的积极性、主动性、创造性不强,教师业务水平和教学能力有待提高等。而如何解决这些问题是大学英语教学改革的新目标。

三、课程建设的必要性

以学术英语和研究性学习为新定位的大学英语教学改革已经引起了国内外专家的重视。英国语言学家大卫·葛拉多尔预言:"英语仅仅作为一门外语来学习的时代即将结束。学生需求的变化和市场经济的变化导致英语教学正在同传

统的英语教学方法决裂。"英国文化委员会在一项大型英语调查中得出结论:将来的英语教学会越来越多地与某一个方面的专业知识或某一个学科结合起来。在日本,大学英语课程已从"学习英语"转变为"用英语学习"。在中国香港,大学英语学分主要在学术英语上。在中国大陆,大学英语教学正悄悄地从单纯基础语言培养向实用能力(包括与专业有关的英语能力)培养转移。以东南大学为例,学期的基础英语学分已从16分降到9分,大学英语被压缩到了3个学期,而且只有不到70%的学生需要学完3个学期的基础英语,其余30%只学1到2个学期,剩下的2到1个学期用于选修各种培养英语应用能力的课程。因此,课程建设的必要性表现在以下三方面:

首先,可以给大学英语改革带来新的动力。当前,大学英语课程教学主要问题是大学英语教学仍然以普通基础英语为主要教学内容,不具备实用性和社会交往性,无法适应经济发展的需要,课堂教学内容与就业需要关联不大,无法形成学生主动学习的内驱力;教学方法落后,教学模式陈旧,很少甚至没有吸收学生的自主性、主体性、实践性;教师和学生都无法从宏观上充分认识到英语学习的即时价值和意义,把语言学习和社会、经济发展剥离开来。因此,以培养学生学术书面能力和口头汇报能力为目标的大学英语"研究型"课程可以给大学英语改革带来新动力。

其次,可以满足新一代大学生对大学英语课程的需求。大学英语课堂上学生沉默,学习懈怠,甚至出现课上不学、课后上培训班的现象,主要是因为现有大学英语的课程设置和授课方式没能很好地迎合新时代学生的需求。虽然"90后"是在网络和多媒体环境下长大的,他们日常交际的英语能力较过去的大学生有很大进步,但是他们的应用能力较弱,在双语和全英语专业课上听课、要点记录、观点陈述,以及原版教材和专业文献阅读、论文及摘要撰写等方面语言能力缺失。《大学英语课程教学要求》提出了实施基于计算机和网络的教学模式,强调了培养大学生英语综合应用能力。因此,应针对新一代大学生同一时间能承担多重任务,通过感官学习、反馈快速等特点,调整教学定位,为社会培养能熟练使用外语的工程技术人才。

最后,可以推进教师职业化进程。提高人才培养水平,最根本的是提高教师质量;提高大学英语教学质量,最根本的也是提高教师教学水平。尽管近年来大学英语教师队伍建设取得了稳步发展,但这支队伍的业务水平和教学能力还不能完全适应大学英语教学改革的新要求,主要表现在观念陈旧和教师角色转变等问题上。因此,在新课程体系建设的背景下,教师必然要更新观念,转变角色,提高学术水平和教学水平。

四、"现代型教学"模式

要想实现由"传统型教学"到"现代型教学"的转变,就必须从教学观念、教学内容与方法等方面进行变革。

(一)教学观的转变

现代教学观是主张以教师为主导、以学生为主体、以就业为导向,实现培养目标和培养规格,并以现代新技术为支撑的教学观点。采用以网络技术为依托的实验手段,依靠计算机、多媒体和远程通信技术,对教学内容、教学组织形式进行彻底变革。利用网络教学、双向教学、远程教学的软件资源,开发学生智力,培养自我学习与探索新知识的能力。

教学、科研和应用有机结合。以现代信息技术为依托,以科研促进教学与应用。开拓新领域,增强科研意识,提高师生的实践创新能力,以研究带动应用。其重点与难点在于探索问题、研究解决问题与成果应用三个环节。前者必须具有应用意识,后者则必须具有相应的实践技能。

(二)课程观的转变

教学内容和课程体系的改革应遵循以下基本原则:要反映当今社会的生产力水平及科技新成果,有利于促进生产力发展;要反映人才培养目标和规格需要;要体现近代文化、科技创新;要精选教学内容,因材施教,以利于学生能力的培养与可持续发展。

课程的设置与内容的选取：以社会需求为目标，以应用能力的培养为主线，设计相应的培养方案，构建相应的课程与教学内容，基础理论课程以应用为目的，实践教学应占有较大的比例，着重培养学生的应用能力。

（三）教学方法的转变

由传统方式向互动式转变。传统教学把重点放在"什么是什么"的事实类知识的传授上，学生只能处于被动的地位，并过分依赖教师的讲授，缺乏对知识结构的深入探讨。互动式教学以动态问题为主，启发学生主动思考、积极参与，教师的主导作用是知识的引导与教学的组织，并将教师的主导思想转化为学生自主的学习行动，从而获得好的教学效果。

由封闭式向开放式转变。现代型教学以现代高科技信息技术为依托，将以学校为主的传统封闭式教学转变为开放式教学，通过校园内外的网络开通多媒体教学、空中课堂、网上教学，以及时获得新的知识。信息高速公路的实现必将成为最理想的开放式教学手段。

由理论教学向实践教学转变。传统教学侧重于课堂教学，并强调理论的系统性和完整性。现代型教学则侧重于实践课教学，学生拥有充分的时间进行实训以掌握技术要领，能较快地提高实践能力。

现代型教学的优点在于采用因材施教的分层次个性化教学手段。由于各大专院校大量扩招，导致在校学生人数多，大课教学目前还普遍存在。在此情况下，协同学习是一种很好的弥补方式，通过课堂讨论学习的方式，学生之间能够互相交流、合作、竞争。在此基础上，教师要积极创新环境，发现学生个性，分层次、分阶段地实施教学，逐步完成因材施教的个别化教学任务。

（四）现代型教学的实践模式

在高等教育领域，国际上比较成功的现代型教学实践模式有两种：一种是德国的"双元制"教学模式，即企业与学校合作进行职业教育的模式。受训者既是企业的学徒,又是学校的学生,一身二属,故称"双元制"。受训者学习理论课和实训课两门课,理论课与实训课学时之比为3∶7,理论课可在学校进行,实训课在企业进行,注重受训者的实践技能、技巧的培训。另一种是北美较为流行的"能力本位"的教学模式,是将一般知识、技能、素质与具体职位相结合,以整合能力管理为理论基础,以模块为课程结构的基本特征,以"学"为中心,以自主学习的方式进行。首先对原有的学习能力进行自我认可,确定能力的学习目标;其次进行自学活动,随即在现场进行尝试性能力操作。参照标准进行自我评定,达到全部目标者可获得国家承认的证书和学分。

我国"习而学"的教学模式。这种模式提倡的是边做边学,理论联系实际,学以致用,以达到学习水平和业务水平相互促进、共同提高的目的,其培养出来的人才更能适应工作岗位的要求。

(五)更新教师知识

现代型教学比传统型教学更先进、更进步,其中包括以应用为主的多种形式。要奠定坚实的现代型教学的基础,教师知识的更新是关键。教师要树立继续学习、终身学习的思想。教师不能只满足于现有的知识水平,而应不断学习,更新知识结构,使自己处于学科的前沿。教师还必须承担一些具有创新性的研究课题,通过对课题的研究和探索,丰富自己的专业知识,力争成为本学科的学术骨干。教师也应当深入生产实践,走"产、学、研"相结合的道路,在生产实践中获得足够的经验,力争成为"双师型"教师。

五、现代型教学的特点

现代型教学具有时代的开放性,以现代信息技术为依托,将教学、科研和应用有机结合,以教研促科研,以科研带教研和应用,与传统型教学相比具有以下特点:

(一)教学观念的创新性和前瞻性

在教学思想方面,现代型教学比较注重知识的专题性、前沿性、开拓性以及对现状的把握和前瞻，以现代信息技术为依托，重点放在实践教学上，以社会需求和培养应用型人才为目标，以创新为目的。

（二）教学内容的互补性和实用性

现代型教学在高校中是将系统教学与专题研究、理论教学与实验教学、研究与应用紧密结合，教学内容的选取是以社会需求为目标，以技术应用能力的培养为主线，突出实用性，重在培养学生独立发现问题、解决问题的思维和实际操作能力。

（三）教学方法的直观性和科学性

现代型教学不仅利用传统的挂图、模型、幻灯、投影仪等教具，还充分利用现代科学技术手段，如网络、多媒体，综合了计算机、图形、图像处理、电子技术、影视艺术、音乐美术、教育学、心理学、教学法等诸多学科与技术，集文字、图形、图像、声音、视频、影像、动画等各种信息于一体，使抽象、深奥的信息知识简单化、直观化，缩短了客观事物与学生之间的距离，并能充分调动视觉、听觉能力，集中学生的注意力，提高学生掌握知识的能力。

（四）教学模式的职业定向性

无论是德国的"双元制"还是我国的"习而学"的教学模式，或是"能力本位"的教学模式，现代型的教学都以社会需求为目标，以某一岗位群为目标来组织教学，培养学生的职业能力，因此具有明确的职业定向性。

（五）教学能力的知识性

现代型教学将基础教学与应用教学、传授知识和研究新课题结合起来，并立足于学科的前沿，培养出适应时代的创新人才。

现代型教学要求教师不断更新知识，力求在教学中做到"新、博、独、深、精"。

"新",即用新观念、新思想、新方法讲授新内容,使学生有耳目一新之感;"博",即知识渊博,讲授内容广博,信息量大,使学生广学博收;"独",即用独特的方法,讲授独到的见解,培养学生独立思考、独立研究的能力;"深",即深入讲授、深入探索、深入研究,有意识地培养学生探索和研究问题的意识以及信息调研的能力;"精",即精心准备、精心实施、精讲多练,使学生易学、易记、易用。

总之,要培养21世纪的高等职业专门人才,就需要有全新的思想观念,优化的课程体系和高水平的师资队伍,课堂教学要以社会需求为目标。每一位从事高校教学的教师都必须以提高学生的实际应用能力为目标,认清从传统型教学向现代型教学发展的必然性,从教学观念、教学内容、教学方法、教学模式和教师知识结构等方面深入探究现代型教学及其特点。

第四节　大学英语教学准备

一、教师准备研讨话题素材

首先,任课教师可以以学生已经学习过的精读课本内容作为知识背景,从按主题分类的阅读和视听材料中选取话题,准备素材。例如,从《大学体验英语扩展教程》中选择以下五个话题并准备素材:Environment Protection, Learning Strategies, Lifelong Education, Travel, Decision Making。其次,任课教师可以根据当时较为热门的话题或综合以往学生的选题,提供选题和素材。例如,Architecture, Frozen Music, Generations, Honesty Crisis, Globalization。最后,教师还可以在实践教学中,引导学生结合本专业进行自由选题,帮助学生查找相关素材资料。

二、教师汇集往年选题

为了实现教学过程中的"控制、部分控制和自由发挥"的调控机制,对学生的

选题方向进行总体上的把握,教师可以为学生提供以下话题范围:

(1) The Consuming Habbit of Students in Southeast University.

(2) Online Shopping vs Traditional Shopping on Campus.

(3) A Research on Addiction to Online Games.

(4) Choice of Clothing in SEU.

(5) Our First Year in College.

(6) Indoorsy（宅）Hikikomori.

(7) Differences between Chinese and Western's Diet Culture.

(8) Qixi（七夕）and the Valentine Day.

(9) What Does Nokia Mobile Phone Bring to Use?

(10) Traffic Accidents People's Awareness of Traffic Regularity.

(11) Do We Need the Military Training?

(12) The Research on Comparison of Childhood between Contemporary College Students and Their Father Generation.

(13) The Research on Breakfast Status of College Students in Southeast University.

(14) What's the college students' Attitude towards the Beggar in Public?

(15) The Research on the Sleeping State of College Students-Sleep Well or Not.

(16) The Investigation on the Work Condition and Treatment College Campus Security Guards.

(17) A Comparison of Jiulonghu and Dingjiaqiao Campus.

(18) Which Place Is Better to Locate Our Campus, in Urban Area or in Suburban Area.

(19) What Are We Reading?

(20) How to Make Good Use of the Internet?

第五节　大学英语教学中的影响因素

大学英语教学中的因素有很多,在这里主要是指影响大学英语教学的因素。由于不可能对每一个因素进行一一详述,以下将围绕大学英语教学所涉及的一些主要因素,如教师、学生、教学内容等进行叙述。

一、教师

教师是大学英语教学中的重要因素之一,在英语教学中起着主导作用。在英语课堂上,教师主要充当两种角色,即掌控者和引导者。作为一名合格的英语教师,首先应该具有纯正的发音。然而并非所有的英语教师都具有纯正的发音,所以教师可借助广播及多媒体等手段来弥补自己的不足,确保学生在课堂上所听的发音都是纯正的。同时,教师在讲解单词、句子、课文时,应该穿插一些解释,对难懂的词语要不断重复。

在多数英语课堂上,教师的讲话占据课堂大部分的时间。不可否认,教师的讲话有利于学生的语言习得,但也不能因此牺牲学生的练习时间。同时,教师还要注意不断变化教学的形式,以增强课堂的趣味性。一个合格的英语教师还应具有一定的应变能力,要能预测课堂活动中出现的状况,能很好地处理课堂上的突发事件,以确保课堂活动的有序开展。

此外,教师应该随时调整自己的提问方式、语言运用方式、提供反馈的方式。在英语课堂中,提问是教师常用的一种教学手段。通过提问,可以有效激发学生的学习兴趣,促使学生积极思考,帮助教师构建某些知识结构。另外,语言运用的方式也很重要,为了让学生对所讲述的知识有一个充分的了解,教师在教学中可以采用重复话语、降低语速、增加停顿、改变发音、调整措辞、简化语法规则和调整语篇等措施。

学生是英语教学的重要反馈者,同样,教师的反馈也是十分重要的。所谓提供教师的反馈,就是指教师为学生的学习情况提供反馈。教师的反馈可以是对学生话语的回答,如表示学生问答正确或错误,赞扬鼓励,扩展学生的答案,重复学生所答,总结学生回答、批评等。总之,教师的目的就是采用不同形式的教学方法,调动学生的积极性,扩展学生的知识面,培养学生的学习能力,提高整体的教学效果。

二、学生

(一)角色定位

在英语教学中,学生主要扮演以下四个角色:

(1)主人。学生是英语教学中的主人,他们对知识的探索、发现、吸收以及内化等实践都有利于知识体系的构建,有利于形成科学的世界观、人生观和价值观。

(2)参与者。作为外语教学活动的重要参与者,学生应积极主动地参与各项活动,积极思考,勇于表达自己的观点,展示个人的才能。

(3)合作者。英语教学是师生之间及学生之间共同进行的活动,因而团队合作是不可缺少的。他们要在合作中相互学习、相互帮助、共同提高。

(4)反馈者。在英语教学中,学生的反馈信息是教师教学的一个重要依据。学生可以结合自身学习经历和教学法的实用性向教师提出建议或意见,并协助教师改进和完善教学内容和教学方法,从而提高教学效果。

(二)个体差异

语言潜能是学习外语所需要的认知素质,是一种固定的天资。努力提高学生的外语素质就是对学生综合语言运用能力的培养,而语言潜能也就是用学生的认知素质来预测其学习外语的潜在能力。卡洛尔提出学生应具有以下四种学习能力:①学生应具有语音编码解码的能力,即关于输入处理的能力。②学生应具有归纳性语言学习的能力,即有关语言材料的组织和操作能力。③学生对语法还应具有一定的敏感性,即从语言材料中推断语言规则的能力。④学生应具

第一章　大学英语教学概述

有一定的联想记忆能力,即关于新材料的吸收和同化能力。

由于每个学生的语言潜能都存在差异,因此在英语教学过程中,教师应因材施教。

三、教学内容

(一)大学英语口语教学

▶ 1.大学英语口语教学目标

口语是利用语言表达思想、进行口头交际的英语技能。《大学英语课程教学要求》写道:"大学英语的教学目标是培养学生的英语综合能力,特别是听说能力。大学阶段的英语教学目标分为三个层次,这三个层次对口语表达能力提出了不同的要求:①一般要求。能在学习过程中用英语交流,并能就某一主题进行讨论,能就日常话题和英语国家的人士进行交谈,能就所熟悉的话题经准备后进行简单发言,表达比较清楚,语音、语调基本正确,能在交谈中使用基本的会话策略。②较高要求。能够和英语国家的人士进行比较流利的会话,较好地掌握会话策略,能基本表达个人意见、情感、观点等,能基本陈述事实、事件、理由等,表达思想清楚,语音、语调基本正确。③更高要求。能就一般或专业性话题较为流利、准确地进行对话或讨论,能用简练的语句概括内容较长、语言稍难的文本或讲话,能在国际会议和专业交流中宣读论文并参加讨论。"

《大学英语课程教学要求》关于口语能力的三个要求对大学生口语能力做了详尽描述,为大学英语口语课程设置、教材编写、课堂教学和口语评估提供了参考。不同性质的大学应该根据学生的实际需求重新进行目标定位,同一大学也可根据学生的不同英语水平设定不同的目标层次。随着经济全球化的发展,英语逐渐成为世界通用语,经济与科学的发展对非英语专业学生的英语口语水平提出了越来越高的要求。

— 27 —

2. 大学英语口语能力的构成

除了考虑《大学英语课程教学要求》外，众多专家学者关于口语交际能力内涵的阐述也为确立大学英语口语教学目标提供了参考。文秋芳认为，跨文化口头交际能力由两部分组成，即交际能力和跨文化能力。交际能力包括语言能力、语用能力和策略能力。语言能力由语法能力和语篇能力构成。语法能力指交际者在句子层面表现出的语言水平，而语篇能力指的是交际者在篇章层面上显示出的语言水平。语用能力包括实施语言功能的能力（理解和表达语言功能的能力）和社会文化语言能力（在特定的语境中理解和使用社会语言规则的能力）。策略能力由补偿能力和协商能力构成。跨文化能力由对文化差异的敏感性、文化差异的宽容性和处理文化差异的灵活性三个部分组成。

如果说《大学英语课程教学要求》为大学英语口语教学提出了具体的要求，那么跨文化口头交际能力模型则是宏观的目标。综合来说，大学英语口语课程需要培养学生的口语交际能力、跨文化交际能力和口语自主学习能力。口语自主学习能力也是《大学英语课程教学要求》提到的大学英语口语教学目标之一。

3. 大学英语口语自主学习能力的培养

《大学英语课程教学要求》指出教学模式改革成功的一个重要标志就是学生个性化学习方法的形成和学生自主学习能力的发展。新教学模式应能使学生自主选择满足自己需要的课程进行学习，注重培养语言运用能力和自主学习能力。大学英语口语作为公共课，很多时候得让位于学生的专业课。由于总的课时量限制，每周两节口语课时间很难保证学生口语能力达到口语教学目标，更不用说培养跨文化口头交际能力，因此大学英语口语教学应重视口语学习策略和学生口语自主学习能力的培养。具体地讲，大学英语口语自主学习能力是指学生理解口语教学目标和教学方法，能够确立自己的口语学习目标，能够选择合适的口语学习策略，能够监控自己的口语学习，能够评价自己的口语学习结果。在口语学习过程中，学生能够主动创造环境进行口语训练，并有意识地克服口语练习过程中常见的困难。

>>> **4. 大学英语口语教学理论**

大学英语口语教学实践离不开理论的指导。在语言习得和外语教学领域有诸多关于语言教学的理论，和大学英语口语教学息息相关的理论有输入输出假说、交际法口语教学理论和任务型口语教学理论。

(1)输入输出假说。不管采用什么样的教学模式，大学英语口语教学都离不开输入和输出两个环节。输入分为视听输入和阅读输入。克拉申的输入假说指出，人们习得一种语言，必须通过理解信息或者接受可理解的语言输入。学生的习得按照自然习得顺序，通过理解在下个阶段将要习得的结构进行。输入的语言难度要略高于学生的现有能力。克拉申的输入假说包含四个要素：第一，输入数量。语言习得必须为学生提供足够数量的语言输入。第二，输入质量。语言输入必须是可理解的，语言输入材料的难度应稍高于学生目前已掌握的语言知识。第三，输入方式。语言材料主要是在语言环境中自然接收，注重语言意义的粗略调整输入。第四，输入条件。学生只有在情感焦虑低、情感屏障弱的情况下才能更好地接受输入。

大学英语口语的教学对象为非英语专业学生，而且大多数学生平时语言输入的质和量不够。尽管口语教学的目标是培养学生产出技能，但必要的输入是成功产出的前提条件。在口语教学中，教师可以从以下方面着手为学生提供最佳输入：首先，设定特定的话题或情景，如在餐厅里点菜、在商场购物等；其次，提供便于理解的手段，如好的视听材料；最后，调节活动内容的语言难度，过多的新词或表达结构会阻碍学生的理解。

(2)交际法口语教学理论。交际法教学的核心是交际能力。什么是交际能力呢？海姆斯提出了交际能力(communicative competence)的概念，他认为，交际能力应包括形成语法上正确的句子的能力和在适当的场合使用这些句子的能力。巴克曼提出了交际语言能力模型(communicative language ability)，这一模型被国际语言测试界广泛接受。巴克曼认为，交际语言能力由三部分组成，即语言能力、策略能力和心理—生理机制。语言能力包括语言组织能力和语言使用能力;策略能力是指为实现某个交际目的而选择最有效的方法的能力;心理—生理机制本质上指语言使用的实施阶段所牵涉的心理和生理过程,如在接收语言过程中使用的是视听技能,而在产生语言过程中使用的是神经肌肉技能。

随着交际能力概念的提出,交际法语言教学应运而生。交际法口语教学遵循三个基本原则:首先,一切活动围绕交际法口语教学的首要原则是教师在课堂上所进行的一切教学活动都必须以交际目的为中心,都应该为交际目的服务。在口语课堂上,教师和学生主要进行两种活动:一是直接交际活动,二是间接为交际活动服务的活动。其次,尽量重现交际过程。交际法口语课堂应尽量重现真实口语交际过程中的交际特征,包括信息沟、自由选择和信息反馈。信息沟指的是交际双方一方知道一些东西,而另一方不知道,交际的目的就是填补信息沟。自由选择指的是交际双方说什么和如何说都是自己选择的结果,交际双方的语言有很大的随意性和不可预见性。信息反馈指交际双方对对方的信息做出相应调整。最后,不要总是纠正错误。交际教学法强调意思的相互传递、语言的自由选择和交际目的的实现,对学生的语言错误,特别是语法错误,采取比较宽容的态度。交际法口语教学比较典型的活动有扮演角色、模拟活动、小组活动。

交际法教学有利于培养学生口语交际的流利性。需要注意的是,过分强调交际法教学有可能忽略语法教学在语言教学中的重要作用。实际上,语法教学有助于提高语言输出的准确性,减少语言僵化的产生,这就涉及口语教学中如何处理准确性与流利性关系的问题。可见,要实现大学英语口语教学目标,准确性与流利性同等重要。口语教师在强调交际性的同时,也不能完全忽略学生的语言错误。

(3)任务型口语教学理论。所谓任务型教学,就是以具体的任务为学习动力或动机,以完成任务的过程为学习的过程,以展示任务成果的方式体现教学成就的教学活动。任务型教学强调学生在解决问题中使用语言,强调通过交流学会交际;关注任务的完成,也关注学习的过程,重视学生在执行任务过程中的能力和策略的培养,以及学生在完成任务过程中参与交际活动。任务型教学的目标不再是机械的语言训练,而是实际的语言运用能力的培养,学生必须理解其所学语言才能完成任务。当学生尝试进行交际时,他们必须考虑语言运用的得体性。当然,任务型口语教学要求接受口语教学的学生应具备一定的语言知识。如果对目标语一无所知,也就谈不上运用语言完成任务了。

在任务型口语教学中,口语教学活动旨在传授语言应用能力,而不是学语言的特定部分,要求学生随机运用已掌握的语言来完成口语任务,重要的是有任务并且学生想要完成这个任务。众所周知,口语是利用语言表达思想、进行口头交际的能力。口语教学活动应当培养学生利用所掌握的知识(世界知识和语言知识)进行交际的能力。这就要求他们对已有知识进行加工和重组,然后输出,以完成某个特定的交际任务。

5. 大学英语口语教学模式

俗话说,"教无定法"。大学英语口语多是大班教学,学生水平参差不齐,不同口语教师会使用不同的教学模式。大体来说,口语课堂可以遵循以下教学模式。

(1)从控制练习过渡到自由会话的模式。会话必须是思想、信息、感情的有意义的口头交流。会话绝不是单音、词汇、短语、句子的一种组合游戏或简单的重复,正如句型操练并不是会话一样。普拉托这样描述会话课:"真正的会话不包含任何外界的控制。"他建议课堂教学可以从控制性的练习逐渐过渡到自由会话。在会话课上,一种活动是教师主宰一切,学生从课本或录音中学习语言,并在教师的指导下重复这些语言或进行操练;另一种活动则是由学生利用自己已掌握的语言表达思想,在教室里和同学自由地进行会话。在口语教学中,一些教师往往偏重机械性的训练,忽略了给学生创造自由会话的机会,这不利于学生自由会话能力的培养。对于初级口语学生,教师可多一些控制性练习,少一些自由会话;对于中高级学生,教师则可以减少机械性训练的时间,多设计自由会话的活动。不管使用什么样的教学方法,大学英语口语教学应该遵循从控制练习过渡到自由会话的模式。

（2）投入—运用—学习模式。投入(engage)—运用(activate)—学习(study)，即教师首先让学生对一个话题产生兴趣，再次让学生完成任务，通过观察发现学生在完成任务中存在的问题，最后让学生学习教师认为有问题的地方。明确的口语任务可以给学生提供练习的机会，使学生产生用外语进行交际的真实感受，而且给学生和教师提供了信息反馈，从而教学相长。口语教学成功与否的关键在于口语活动设计是否合理。好的口语活动首先需要引起学生的兴趣，激发学生说话的欲望，从而积极参与，最终达到口语学习的目的。因此，口语活动的趣味性十分重要。

（3）《大学英语课程教学要求》提出的新模式。《大学英语课程教学要求》提出的新教学模式并不是针对口语教学，但为口语教学提供了全新的模式。新的教学模式应体现英语教学的实用性、知识性和趣味性相结合的原则，应充分调动教师和学生的积极性，尤其要确定学生在教学过程中的主体地位。新教学模式在技术上应体现交互性、可实现性和易于操作性。另外，新教学模式在充分利用现代技术的同时，也要充分考虑和合理继承现有教学模式中的优秀部分。

（二）大学英语写作教学

英语写作是英语教学体系的重要组成部分，是由英文单词、句法、段落、篇章、主题及写作技巧等因素相互作用的有机整体，是一项复杂的思维过程和认知过程。对大学英语写作教学而言，学生的语言基本功较弱，而且受母语思维方式的影响，其表达思想的能力欠缺，对写作知识和写作技巧的生疏以及不同文化背景所引起的表达方式的差异等，更加剧了英语写作教学的难度。

1. "任务"在英语写作教学中的地位

任务型教学模式普遍为现代教育者提倡，强调使学生在做事情中获得学习体验。其任务的设计是以学生的经验和兴趣为出发点，把真实的材料引入学习环境，通过学生之间的交流、互动提高其用语言解决实际问题的能力。笔者曾给高校学生设计一项写作任务——描写一幅自画像。学生在写作之初看着镜子中的自己,构思着将要描写的内容,此时大部分学生处于较为积极的写作状态。然而一旦进入译写阶段,即将思维转化为文字阶段却问题百出。首先,从篇章、段落发展模式来看,学生的习作中大多缺少主题及主题句;其次,在句法层面上,大多数学生的句型简单、句式单一,句子间缺乏连贯性及统一性;最后,就选词而言,缺乏词性变化,同义词间的差别含混不清。在写作结束之后,大多数学生没有对习作进行修改的习惯,即便在进行合作式学习即在小组成员相互检查时,也少有学生能够发现并改正同伴习作中的错误。

任务是连接教师与学生的桥梁,同时与外界环境发生作用。目前,教师多将注意力集中于如何激发学生的写作兴趣,强调写作内容的完整性与形式的正确性等问题,却忽视了在英语写作过程中学生所处的外界环境,即中英文所体现出的不同的思维方式及文化背景。中文圆形思维导致了汉语的螺旋式结构,即以反复而又发展的螺旋形式对一种问题加以展开,尽量避免直接切入主题。反之,西方直线型思维导致英语的主谓推进模式,即整个语篇是一个完整的统一体,表达的思想要做到与语义直接相关,要用一定的连接手段将各个部分衔接起来。思维方式的差异常常使大学生文章出现结构松散,多笼统概述,少细节描写,在句法上多用短句,句型变化单一,指代不清,各部分内容之间缺乏联系等问题。

因此,在大学英语写作教学过程中,"任务"作为社会建构模式中连接教师和学生的客观媒介,其内容应具有真实性、趣味性,从而激发学生的写作兴趣,鼓励学生发表自己的意见。写作作为语言学习中较难的输出端,教师应将关注的范围从词汇、语法、段落的书写扩展到范围更广的、蕴涵着中西文化差别的文化背景知识中,使学生了解西方人的思维方式,进而体会英文的写作特点。这种更深层次的理解会反作用于写作过程本身,推动学生向着写出地道英文的方向前进。

2. 教师作为英语写作课堂的"中介者"

以色列心理学家、教育学家费厄斯坦提出中介作用理论,认为儿童的学习受到对他有重要意义的成人的干预和影响,他把这些儿童在学习中起重要作用的人叫作中介者,把为儿童提供的学习经验叫作中介作用下的学习经验。在以"学生为中心"的教育理念已为人们所接受的情况下,教师作为"中介者"在帮助学生学会独立自主和控制自己的学习以及培养其独立思考、解决问题的能力,协调教师与学生之间的互动以及鼓励学生积极参与学习过程中起着不可或缺的作用。

　　费厄斯坦提出的教师作为中介者的一个重要特征对大学英语写作教学具有重要的理论指导意义。该理论包括重要性(significance)、超越当前的目的(purpose beyond the here and now)及教学双方意图明确(shared intention)。

　　首先,教师应该让学生认识到某个学习任务对个人发展以及对社会有何意义或价值。写作与口语一样是一项重要的语言输出技能,是对所学知识、技巧的综合运用。由于写作重在言之有物,只要有话可说,有内容可写,即使使用的词汇和句子比较简单,写出的作文同样具有可读性。因此,帮助语言功底较弱的学生树立此种意识,会增强学生英文写作的信心。笔者在实践写作教学中让学生保留自己的全部习作,在学期结束时以小组为单位将作文制作成个性化的报纸或杂志册,每篇文章后均标明作者姓名,在全班范围内互评。实践表明,此种方式可增强学生的成就感及对英文写作课的归属感。同时,写作课不应被看作是枯燥的书写过程,教师可以提供多种输入媒介,如视频、英文短篇作品等。例如,在观看10分钟左右的影片选段之后,可在课上使用组织学生进行讨论甚至辩论等常用于口语教学的手段,鼓励学生积极思考,构建意义,为写作打下良好的基础。同时,多渠道的信息输入可以使学生认识到学习写作不仅可以提高书面表达能力,还可以了解西方人的思维方式,增加文化背景知识。

　　其次,教师应使学生认识到目前所学写作知识对其以后的学习、工作具有意义。教师要设计真实的课堂写作活动,包括材料的真实性、学生理解的真实性、学习任务的真实性和课堂社会情景的真实性。教师所提供的写作素材来源主要包括:可从学生中征集他们感兴趣的话题,各类考试考过的题目及从网络、书刊等媒体上提炼出的题目,以及社会、校园中的真实事情和问题。例如,教师可以模拟真实场景,组织学生参加某公司招聘的笔试,要求学生设计一份英文简历,写一篇关于自己职业设想的文章,学生之间可以互相评判,选出最具竞争力的文章并提出合理解释;学生可以编辑、翻译难度稍高于其现有水平的文章等,使学生意识到课上

第一章　大学英语教学概述

所学内容并不是纸上谈兵。在实践过程中，如果学生认识到自身学习中的漏洞，就会有动力、有方向地努力改进。

此外，在提出某项学习任务时，教师应做出明确指示，将自己的意图告知学生并听取学生的反馈。在指导学生根据某个题目和要求写作文时，教师一定要尽力让学生清楚作文的题目和要求，这就要求教师能够有效传达这些信息，同时为了确信学生是否理解了这些要求和信息，教师可以让学生举例证明其是否已理解该任务的主要意思，以防文不对题的现象发生。

▶▶ 3. 学生作为独立的写作者

在过程写作论占据主导地位的英语写作教学中，学生作为写作的主体在跨越中、英两种语言、两种文化的过程中困难重重。面对单词的拼写、句子的构成等技术性问题，以及对文章整体结构的把握，内容的逻辑性，分论点与主题的关联性等问题时，学生在写作过程中步履维艰，教师在评阅过程中更是绞尽脑汁猜测学生究竟想写什么。有时教师与学生的想法错位，导致教师的评语对学生没有任何指导意义。

如何实现并巩固学生作为写作过程中独立的创作者？如何使得教师的反馈对学生习作产生积极的指导作用？一种源自元认知策略的自我监控，即学生利用认知过程的知识，通过计划、监控及评估，努力使语言学习得到控制，为此提供了有效的解决办法。教师可让学生用"加注"的方式，从内容、语言和结构三方面，将自己无法用文字表达的想法在每页的空白处加以注释，即将自己的困难、不确定的内容详细写出。教师也可采用学生互评、讨论等方式，让学生积极参与解答同伴注释的内容，使学生体会到作为作者写作的过程以及以读者的视角审视写作的过程。

写作过程中的加注是学生用于提高自我监控的一种手段，通过自我评阅、同伴建议及教师的反馈，学生的学习自主性得到提高，真正体现学生在写作过程中积极创作的能力，同时提高教师反馈的指导力度。

通过论述社会建构模式中教师、学生、任务以及环境的关系，针对探讨大学英语写作教学中存在的某些问题，从而提出相应的解决方式，使得在跨越中、英两种语言文化的背景下,在大学生语言功底较弱的现实条件下,任务成为连接教师与学生有效交流的桥梁。

(三)大学听力教学

1. 明确提高听力的正确途径以及各种听力材料的要求

由于很多学生对于听力学习的途径并不完全清楚,有些学生认为只要多听就能提高听力理解的能力。其实不然,虽然听力理解是一种接受性的技能,但是它是诸多语言技能的综合运用,其中包括语音、语法、词汇、句型、句法等各方面和其他非语言方面的知识。另外,提高听力理解的能力不可能一蹴而就,学生上课的时间是有限的,要想充分利用课外时间进行练习,没有明确的目的、方法和要求,也难以达到理想的效果。所以,教师的首要任务便是明确听力学习的要求和正确的学习方法,使学生有效利用课堂内外时间提高听力理解的能力。

对于非英语专业的学生而言,听力练习的要求总的来说应为能听懂英语国家人士关于日常生活和社会生活的演讲、讲座、学术发言、讨论或争论等中等难度的听力材料,理解中心大意,抓住主要论点或情节,根据所听材料进行推理和分析,领会作者的态度、感情和真实意图,并用英语做简要笔记。

听力理解练习主要包括三种形式,即单句练习(statement listening)、对话练习(conversation listening)和演讲或交谈(mini talk listening)。单句练习主要训练语言的基础项目,如语音、语法、词汇、句子结构等。对话练习和演讲、交谈主要训练以下语言技巧:①掌握中心思想(listening for main idea);②掌握要点(listening for specific information);③根据上下文进行推测(making deduction);④根据已知语言信息预测下文(making prediction);⑤辨别和判断说话者的观点、态度和口吻(making inference);⑥记笔记(note taking);⑦其他方面,如简单的运算,记住数字、日期和年代等。

一般来说,学生进行听力训练的顺序为单句、对话和交谈。进行一些单句练习的目的是检验和巩固所学语音、词汇、语法、句子结构等的语言基础知识,在此

第一章 大学英语教学概述

基础上进行对话及长篇段落练习。

▶ 2.实施教学

明确方法和要求之后,如何有效实施教学则为至关重要的环节。有关教学方法的讨论已经有很多的专家给予了介绍和论述,笔者在此仅谈一谈听力教学中的一些方法和实践。

(1)以点带面:语言重点突出,语言知识和生活常识并重。在做任何听力练习之前,首先要向学生讲清楚听力材料的语言点和要求学生所掌握的内容,尤其是实用性的教材。如果可能,可将实物展示给学生并加以指导和扩展。

(2)英国英语和美国英语同时讲授,使学生了解两国英语文化的差异。我国实行改革开放政策以来,对外交往不断扩大,出国留学的机会日益增多,目前很多的大学生甚至中学生都踏上了出国的征程。学生们对以英语为交际语的目的国的语言学习和对文化的了解是英语学习的目的之一,这就对英语教学提出了新的课题。如何满足学生对不同国家英语文化的学习和了解是教师必须考虑的问题,因此,无论是在课堂讲解还是教材使用上都应做到美国英语和英国英语同时进行,使学生逐步了解英、美英语在语音、词汇甚至语法及句子结构诸方面的差异。

(3)教会学生掌握不同听力材料的听力技巧。不同的听力材料的处理方法是有所区别的。现以新闻为例,无论在国内还是国外,学生都要听新闻,然而新闻报道的语言与日常生活当中使用的语言是不尽相同的,但只要掌握了听新闻的技巧,问题便迎刃而解了。首先要掌握新闻英语的特点,新闻与日常生活交谈的不同之处在于它是对某一事件的总结。对学生的要求并不是听懂每一个词,而是了解整个事件的来龙去脉。由此而来,新闻的要点为英语中常用的 wh-questions,即时间(when/time)、地点(where/place)、人物(who/person)、事件(what/event)、原因(why)等。学生在听新闻时要回答上述的 wh-questions,如果主要内容掌握了(准确无误地回答出了问题),就不必计较某一个或几个单词没有听清。另外,新闻段落的第一句通常是主题句,其中可找到几乎所有 wh-questions 的答案,而后面的部分是具体细节的说明。所以,学生要想听懂一段新闻,第一句是关键。

(4)教会学生记笔记。记笔记对于学生来说是必须掌握的本领,这对他们的学习具有极大的帮助,但是学生在这一方面欠缺很多。上课或听讲座时常常需要记下所讲的内容,然而,记笔记并不是件轻松的事情。怎样才能迅速记下全部内容,尤其是长篇的内容,这需要循序渐进的训练。记好笔记需要做好如下两件事情:一是弄清主题句(topic sentence);二是尽量完整地写下所听到的支持这一主题句的细节。也就是说,手必须与耳同步。也许有人认为要做好笔记则需要学习速记,其实不然,只要学会一些记笔记的技巧,便能如鱼得水。下面是训练记笔记的一些方法。

①速记句子的中心词。一般来说,记笔记的训练应从听句子开始。要想记住句子的内容,记下句子中最重要的词是关键。以下面的句子为例:

Many people die of cancer every year; cancer is becoming so widespread, that we can almost talk of an epidemic.

该句的中心词为 many,die,cancer,every year,epidemic,所以可记为:many die/year,cancer-epidemic。

②掌握中心思想。在听长篇材料时,很自然要选择主要论点(main points)。在听完一个段落后,找出中心思想,写出题目(main heading)。以下面段落为例:

In general, Adam has very few hobbies. He used to enjoy collecting coins and reading, but now can never find enough time. He has practically no release from his job and usually brings some work home with him.

一般说来,说话者对自己要表达的主要内容会加以强调,在语言方面的使用上会有所体现。例如,上一段的 in general,其他的如"My point is…""I want to emphasize…""Let's move on to the next point…""It is important to note that…"等。此外,中心思想有时在面部表情和形体语言(facial expressions and gestures)上也有所体现。

(5)寓说于听,听说结合。对于多数学生而言,听说是他们的薄弱项目。为了应付高考,他们大多偏重读写,忽视听说,因此他们的英语语言技能的发展是畸形的。有的学生一张口常常是发音不准、怪腔怪调、语病百出或是表达不准确。鉴于此,笔者认为,听说结合应是相得益彰的。马丁·韦德尔等指出,人们是"通过积极参与交往而习得语言的"。再以听力任务 using a bank 为例,在听听力材料之前教师可以安排学生讨论一下如何填写支票并预测每一空白处应填写的内容。完成听力练习之后,教师可以让学生扮演银行职员和顾客以便巩固所学到的内容,从而把所学的语言材料变成自己的语言。

听力水平的提高不是一蹴而就的事情,其需要学生持之以恒、坚持不懈的努力操练。因此,教师应该向学生明确学习的目的、特点和要求,传授给学生有效的学习技巧和方法。教师在课堂上应尽力营造一种和谐、轻松、愉快的氛围,使学生兴趣盎然地上好听力课,以达到提高听力和表达能力的目的。

四、大学英语教学评估

(一)课程测试评价体系综述

现代大学英语教学主要采用"问题解决型"和"任务型"教学法,以培养学生听、说、读、写、译英语综合应用能力和研究能力为主要目标。课程强调以学生为学习主体,在教师引导下,借助计算机网络技术,以小组合作的学习形式进行个性化、自主式的研究性学习。在实践性探究学习过程中,应提高和增强学生的英语综合运用能力、自主学习能力、研究能力以及综合文化素养。

针对这一课程特点和目标,应构建与之相适应的、综合多种评价方法的整体评价体系。和传统的大学英语课程测试评价体系相比,新的评价体系重参与、重过程,兼顾阶段评价和综合评价,整合形成性评价和终结性评价,不仅可以客观准确地反映学生在学习过程中的参与度、态度、方法和成效,而且有利于监控学习过程,发现学生学习过程中的需求和问题,帮助教师获取教学反馈信息,及时调整教学,同时帮助学生调整策略、改进方法,有助于提高学习效率。

(二)评价内容

▶ **1. 学生的研究性学习成果**

学生自主选题完成的研究性项目成果是评价检测的最主要内容之一。评价内容包括学习过程中的阶段成果(开题报告、调查问卷、访谈问题、口头展示的框架等)和最终结果(研究过程和结果的口头展示、研究报告)。

通过运用多种手段评价学生的研究能力(发现问题、设计项目、获取信息、分析数据、阐释数据、解决问题)和语言的综合运用能力(开题报告和项目报告撰写、研究成果口头展示、资料的英汉互译等)。

▶ **2. 学生的学习态度和参与度**

通过教师观察、组长评价、组员互评,对学生参与状况、参与意识、学习态度进行记录和评价。

▶ **3. 学生的自主学习和小组协作学习能力**

通过学生的反思报告和档案袋评价,评价学生自主学习的规划和管理,以及小组协作能力。

(三)评价方法

▶ **1. 形成性评价**

通过档案袋等形式,对从开题到成果汇报的所有主要学习环节进行管理和评价。

▶ **2. 终结性评价**

通过终结性评价的方式,对学生研究过程和结果的口头展示以及书面报告进行重点评价,公开透明地评判学生研究的能力和语言综合运用的能力。

▶▶▶ **3. 阶段性评价**

设定开题展示、中期检查和期末考核(口头陈述研究过程和结果,提交书面研究报告)三个主要的阶段性评价环节,全面细致地监控整个研究性学习的过程,评价学生在各个阶段的进展和表现。

▶▶▶ **4. 综合性评价**

综合小组得分、个人得分、教师评分、组长评分和同伴互评,对每个学生在学习过程中的表现和对学习成果的展示做出综合评价。

▶▶▶ **5. 教师评价和同伴互评**

以教师评价为主,结合各个阶段的同伴互评以及组长对整个学习过程的记录,为每个学生综合评分。

(四)以大学英语口语评估方式为例具体说明

大学英语口语课程建设离不开口语测试的改革和完善,但口语测试过程中也存在目标不明确、标准模糊及评分主观等问题。大学英语口语评估应采用形成性评估和终结性评估相结合的方式。形成性评估包括学生自我评估、学生相互间的评估、教师对学生的评估、教务部门对学生的评估等,通过课堂活动和课外活动的记录、网上自学记录、学习档案记录、访谈和座谈形式对学生学习过程进行观察、评估和监督,促进学生有效学习。终结性评估指期末课程考试和水平考试。下面分别对形成性评估和终结性评估进行讨论。

▶▶▶ **1. 形成性评估**

形成性评估强调学习的过程,旨在保证教学目标更好实现。除了评价技能、知识等要素外,这种方式更适合评价态度、兴趣、策略、合作精神等不可量化的因素,评估结果多为等级加评语的形式。形成性评估通常在友好、非正式、开放、宽松的环境中进行,该评价手段是一种低焦虑的新型学习模式。形成性评估突出课程评价的公正性、多样性和综合性。多元化的评价方法不仅可以有效保证课堂教学效果,而且可以充分调动学生开口说英语的主动性和积极性。形成性评价能够协调好外语教学实践中教与学的关系,激励学生的学习积极性。

在大学英语口语教学中,形成性评估的内容包括以下部分:①学生自评部分。内容包括是否有明确的口语学习目标和学习计划;课上是否用英语思维踊跃回答问题;是否每天朗读、背诵外语;是否每天读一定量的英语刊物,是否每天听1小时的外语材料;是否坚持预习、复习;是否经常同外教交流;是否经常去外语角。②学生互评部分。学生从学习积极性和语言基本技能两方面为同伴打分。积极性包括回答问题的状况、参与讨论状况和参与其他活动状况;语言基本技能包括语言流利性,语音、语调正确性,内容完整连贯和语言正确性。③教师评估部分。主要指从教师的角度对学生语言能力和参与课堂情况进行打分。

2. 终结性评估

终结性评估主要指大学英语口语期末口试,期末口试可采用交际法口语测试。在交际法口语测试模式下设计的测试任务应该具有目的性、趣味性和启发性,对口语教学有积极的推进作用。交际法口语测试以互动性为重要特征,输出在某种程度上应具有不可预测性,应该提供真实的环境,信息加工过程应在真实的时间中进行。以下是交际法口语测试的特点。

(1)强调测试任务的真实性和交际性。交际性是指考查学生完成某个交际任务的能力,而非某个语言技能和语言知识的掌握情况。杨惠中对交际和交际过程这样描述:"从交际法的角度来看,所谓掌握一门语言是指在一定的语境中能够使用所学的语言进行有效地交际,交流思想感情,达到相互沟通的目的。从语言作为交际工具的角度来看,仅仅掌握语言形式是不能够进行有效交际的,因为语言交际过程涉及交际的目的、语境、彼此的角色地位等;同样的语言形式,由不同的人在不同的场合以不同的方式讲出来,其含义可能完全不同,因此,语言交际过程实际上是一种解释过程(interpretation),是交际双方的协同过程(negotiation)。既然如此,语言测试就必须在真实的(authentic)语境中采用真实材料来进行,观察学生在真实语境中运用语言达到交际目的的能力,并以此来判断学生的语言水平。"口语测试的目的是测试口头交际能力,测试任务的交际性可以保证测试效度。

典型的交际式语言测试所涉及的是具体的、现实生活中存在或极有可能存在的任务,真实性是交际法英语考试的典型特征。交际法强调语言必须放在语境和恰当的真实交际情景中去考。真实性意味着考试的语言行为要复现生活中不是考试的语言行为。具体地讲,"考生所接收到的语言就是平时在生活中听到和看到的语言,考生在考试中要完成的任务就是考生在现实生活中可能要解决的事情;对考生行为的评估标准是考生在多大程度上完成了任务,是否有效地达到交际目的"。在谈论口试真实性的时候,指的是口试的任务、口试的语言以及语言使用的各项条件在多大程度上与现实生活中的任务和语言使用条件相对应。

(2)强调测试任务的交互性和情景性。口头交际具有交互性,交流双方既是信息的接收者又是语言的产出者,口试过程中突出交互性,即考生和考官之间或者考生和考生之间要围绕某个话题进行多个回合的交流,双方不停地交换听、说角色,尽量根据对方需求提供信息,达到交流的目的。情景性是指将口试试题置于一个真实的情景中,明确规定考生所要扮演的角色和交际对方的角色,考生按照要求做出与自己身份相符的反应,由此考查语言的得体性。正是测试任务的交互性和情景性,保证了其交际性和真实性。

(3)注重需求分析。交际法口语测试结果可靠,其内容效度也较高。如果要测出受试者在真实情景中运用语言的能力,测试就应该尽可能真实地反映真实情景,这就意味着测试任务的抽样应该具有代表性。所以,交际法口语测试中最重要的一点就是要对受测者的需求进行准确的描述,即调查他们在真实生活中需要使用目的语的种种可能情况性,并在测试任务中体现。交际法口语测试的设计通常是建立在对学生需求分析基础上的,以保证测试任务及测试本身具有较高的真实性。因此,交际口语测试往往反映某个国家和地区的文化特点,如英国剑桥大学在我国推行的商务英语证书考试就是一个典型的交际测试,其中很多内容就与中国相关。

(4)评分采用定性而非定量。在交际法口语测试中,评分必然带有一定的主观性。真实情景中并没有客观的正确或者错误的答案,交际法口语测试在评估学生口语技能时多采用定性的方法,如把口头表达能力分几个等级,每个等级都需达到什么样的要求,这些详细的描述对保证评分的公正、客观大有好处。文秋芳用综合性评分来描述交际法口试评分,即评估语言的准确性、得体性和流利性三者所达到的总体有效交际程度,按照考生完成任务的综合效果来评定成绩。

第二章　大学英语教学中的理论基础

第一节　教育心理学基础

一、大学英语教学研究的学科定位

从教育语言学的理论视角研究大学英语教育教学，被实践证明是正确和合理的。语言教育的涵盖面十分广泛，除语言要素之外，教育语言学还和社会学、心理学、语言学等有着密切的关系，涉及教材、教师、学生、教学目标、组织管理等诸多内容，远非语言学所能涵盖或取代。基于"教育学—各学科的教学—外语教学"这样的路线图，外语教育应当归属于教育学，而不能简单地把外语教学划入应用语言学的范畴。把外语教学纳入教育学的范畴，把教育实践作为根本的立足点，将其在教育教学环节所发挥的重要作用作为重点，这就使得教育语言学成为一门独立的学科。因此，从教育语言学的理论视角研究大学英语教育教学，在教学观念和教学探索中都是十分有意义的。

鉴于外语教学的教育语言学学科属性，笔者在研究中重点从教育学学科领域寻找大学英语教学研究的理论基础，特别是教育学、心理学、课程与教学论及其他与教育学整合而形成的交叉学科理论，如教育心理学、教育生态学和外语教育技术学。

二、认知负荷理论

认知负荷理论是继建构主义理论后又一个对教学起着重要指导作用的心理学理论。根据认知负荷理论，认知图式组织并储存人类知识，极大地减轻了工作记忆的负荷。新信息必须在工作记忆区进行处理，以便建构图式，然后通过反复成功的应用,图式就会自动化。在工作记忆区处理信息的轻松度是认知负荷理论最关注的问题。认知负荷理论把学生对于长时记忆中存储信息视为教学的主要功能,其存在方式是图式形式。长时记忆中的图式是一种知识框架,在对新知识进行学习和掌握时,具有中央执行官功能。在接触新知识时,学生如果能够掌握这种知识框架,那么新知识的学习便可以遵循这种原则进行;反之,则采用随机学习的方式。

认知负荷是表示处理具体任务时加在学生认知系统上的负荷的多维结构。这个结构由反映任务与学生特征之间交互的原因维度及反映心理负荷、心理努力和绩效等可测性概念的评估维度所组成。可能会影响工作记忆负荷的因素主要包括学习任务本身的内在本质(内隐认知负荷)、呈现任务的方式(外显认知负荷)、学生自愿用于图式建构和自动处理的认知资源量(关联认知负荷),而且这三种认知负荷都是可施予的。长期以来,认知负荷理论的研究焦点是开发教学手段,减轻外显负荷,但最近研究焦点转向了对内隐和关联认知负荷的处理及教学手段和学生知识水平之间的相互作用上。

在教学过程中,外显认知负荷给学生带来问题的程度主要取决于内隐负荷。如果内隐负荷强度大,就必须降低外显认知负荷;如果内隐负荷低,因不恰当的教学设计而造成的高度外显认知负荷就不可能造成伤害,因为总体认知负荷没有超出工作记忆的极限。如果内隐和外显认知负荷的总量还留有额外的处理信息容量余地,就有必要鼓励学生将适当的认知负荷投入学习中,特别是用于图式建构和自动操作。因此,认知负荷理论的主要教学原则是:在认知机制的整个容量限度内(避免认知超载),减轻外显认知负荷,增加关联认知负荷。为此,必须考虑学生的知识水平,因为其决定学习任务的内隐认知负荷。

认知负荷理论认为,为了提高学习的效率,在课堂教学中要尽量避免外显认知负荷,即减少因教学设计不当而产生的额外负荷,而应该在教学活动中适当地增加关联认知负荷。需要注意的是,课堂中所引用的认知负荷要考虑学生的接受程度,不宜过多,否则会影响学生的理解。

第二章 大学英语教学中的理论基础

关于人类对事物的认识和理解,认知负荷理论做出了以下假设:

(1)长时记忆中获取知识并且建立学生自己的知识框架是教学的最终目标。

(2)有限的工作记忆在信息处理过程中具有十分重要的意义,是大量信息递增和存储的前提。

(3)因为不能获得已经组织好的信息,变化是随机的,大的随机变化不可能生效。

(4)鉴于没有确定变化本质的中央执行官,随机而非预设的变化在所难免。

认知负荷理论认为,合理的教学安排和教学设计应该把以上四种假设纳入考虑范围,提供中央执行官,避免和剔除非必要的随机变化,为长时记忆的转变提供条件。认知负荷理论提供了促进教学中央执行官功能的结构化教学效应。相关研究者提出了大量的认知负荷理论所研究的各种教学效应。

认知负荷理论早期研究主要探究操纵内隐认知负荷和适当认知负荷的教学效果,集中于减轻初学者外显认知负荷的教学方法,探究改进图式建构和迁移测试绩效的一些主要功效;而认知负荷理论研究的新取向则集中于对教学程序进行调适,以满足学生的个体需求。为了开发适应性教学和适应性数字化学习,必须明确适应不同知识水平的不同教学手段,设计出这些教学手段之间的平缓过渡,制定便捷的测量知识手段。

认知负荷理论基于认知结构研究提出的教学设计原则认为,要从引导认知资源合理分配的角度出发设计适应性的学习资源,这对新媒介条件下认知资源极其丰富的现实来讲,具有非常重要的指导意义。该理论认为,影响学生认知负荷的因素主要包括以下三个方面:

(1)任务和环境(如任务的结构、新颖性、时间压力等)。

(2)学生(学生个体的先前知识、认知资源及其认知风格、学习动机等)。

(3)学生与任务之间的相互作用。

为此,认知负荷理论提出了自由目标效应、样例效应、分散注意力效应、模态效应、冗余效应、变式效应等重要的设计原则。

认知负荷理论关注的重点是记忆在学习中的作用,主张合理分配认知资源,这对实现有效学习至关重要。依据工作记忆存储容量有限的特点及认知资源总量恒定的规律,该理论提出,如果在设计教学时,能够尽量减少学习任务中不必要的认知负荷,就可以大大提高学生的学习效率。该理论关于认知构建、分散注意、冗余效应、双重感官效应等方面的研究成果,对外语教学设计具有重要的指导意义。

随着互联网技术的迅猛发展,数字化、泛在式学习越来越普及。数字化学习材料的设计和开发,给教学设计者提供了良好的环境和机会,同时也带来了与传统课堂环境下的教学设计完全不同的约束。在传统的面对面的课堂里,教学设计者通常根据教师或者学生进行必要的调整,当学生不能理解某种观点时给予支持;发生理解困难时,学生通常可以马上向教师或者同学请教。而在数字化学习环境下,学生可能在凌晨2点钟开始学习,凌晨2点3刻给教师发电子邮件,请教某一个概念的理解问题。一时间没有教师和同学帮助,这个学生就可能在沮丧中停止学习,甚至更糟糕的是对概念产生误解,阻碍有效学习。

数字化教学设计与真实的学习在不同的时间框架下发生:教师首先设计好教学,一个月后甚至更久以后,学生使用这些教学材料学习课程内容。这种教学设计和真实学习的分离要求学生对教与学的过程进行重新整合,通常没有教师在场,缺乏真实的学习环境。这种重新整合意味着学生要承担巨大的责任,要对自主学习负责,即在不能直接迅速得到教师和同学支持的情况下,学生必须独立进行思考和探究,以便正确地理解学习的内容。当然,为了解决这个问题,研究者可以开发引导式、说教式会话或者内嵌式导航助学话语,使学生在处理教学材料的过程中与教师进行虚拟的交互。如果教学设计者开发的教学材料造成大大的外显负荷,学生就无法理解课程内容。通过优良的教学设计原理对认知负荷进行恰当的管理,这是设计有效的数字化学习材料所需要的基本要素,这种材料有助于学生对内容的理解。

三、学习理论

随着科技的进步和教育的发展,学科之间的相互渗透和交叉成为一种趋势。

其中,教育心理学就是在教育学和心理学这两门学科融合的基础上产生的,学习理论研究是教育心理学的核心内容,对大学英语教学与研究具有重要的指导作用。

(一)学习理论的发展演变

20世纪以来,关于学习运行机制的研究,涵盖了行为主义、认知主义、建构主义、社会建构主义和联通主义(也有学者译作"关联主义")等理论流派的发展演变。

20世纪经历了数次主流学习观的变迁:从行为主义学习理论的知识习得观到建构主义的知识建构观,再到社会建构主义的参与观(或社会协商)。这些都成为外语教学研究与实践的理论支撑。

行为主义学习理论把学习看作"刺激—反应"过程。用这种学习观指导语言学习时,强调语言技能训练的重要性,认为语言学习就是以"刺激—反应"为原理对现有的语言知识进行灌输,具有一定的机械性,以培养学生的语言习惯为最终目标。即使在计算机网络辅助外语教学很发达的今天,行为主义学习理论依然在一定的学习阶段,特别在语言技能训练方面发挥着积极的作用。

认知主义学习理论重视人的内在机制,认为学习还受人的内在心理的影响。认知学派认为,教学就是引导学生进行有意义的学习,引导学生以原有的经验、心理结构和信念为主来建构知识。

作为认知学习理论流派的一个重要分支,建构主义学习理论认为,人类具有构建知识的主动性。在教学系统的各个环节中,学生既是学习主体,也是知识建构的主体,这种对于知识的接受是主动的、积极的,而不是刺激性的、消极被动的。学生作为知识的接受者,不是被动地接受,而是主动地接受,是利用已有旧知识和经验接受新知识,是有选择性地加工所接受的知识,并在新旧知识相互作用的过程中对外部信息进行建构。学生在建构意义的过程中,交互就是一种必不可少的方法。因此,在很多学者看来,课堂讨论和交流是课堂教学过程中最有意义、最有价值的学习活动。在这种思想的指导下,学生被视为教学的中心,学生以信息技术工具为依托,采用多模态学习方式,运用音频、视频、文本、图像等各种各样的途径进行学习,充分发挥学生的自主性,最大限度地获取和积累知识。英语教学与多媒体技术的融合,对外语教学工作大有裨益,对师生能力的提升意义重大。

进入21世纪以来,随着互联网技术的成熟和普及,以系统科学的自组织理论为基础的联通主义学习理论逐步发展起来,学习理论出现了从联结主义到联通主义的新取向。联通主义之前的行为主义学习理论和认知主义学习理论实质上都属于联结主义。联通主义学习理论认为,学习是一个联通的过程,是学习和社会发展尤其是网络信息技术发展的联通,是在知识网络结构中一种关系和节点的重构和建立。以往的学习理论主要研究教授内容和学习内容,而联通主义则侧重于研究学习内容的组织问题。探讨如何组织所教授的内容,首先要关注的便是教学设计。传统的联结主义教学设计从整体上来说,仍旧是一种线性的操作流程。教学中所有的活动都围绕预订的目标进行,致力于设计统一的普适教学系统,却缺乏对具体教学环境的考虑和规划。在这一设计实施的过程中,线性教学因为其自身局限性,很难适用于当下复杂多变的教学过程,也不利于差异化教学的实施。而联通主义的教学设计则与传统的联结主义教学设计有所不同,该设计是一种非线性的操作流程,重视教学设计在教学实践的生成性思维方式,这种教学设计是对教学过程中遇到的现实问题的动态性、个性化的解决,是一种相对科学的教学设计。

(二)多媒体学习认知理论

作为一种科学理论体系,多媒体学习认知由以下几个方面组成:基本假设、学习科学、教学科学和应用领域。

梅耶的多媒体学习认知理论体系的发展始于双重通道(dual channels)假设、容量有限(limited capacity)假设、主动加工(active processing)假设等基本假设。双重通道假设认为,人类视觉材料和听觉材料的加工是相互独立的,这两种信息加工通道是人类所特有的。容量有限假设中的容量指的是人对信息处理的能力,在限定时间和限定通道内,其所处理的信息容量是有限的,人们一次只能对有限的声音或者图像进行加工。主动加工假设是指人能积极地参与认知加工过程。运用多媒体技术进行积极有效的学习,主要涉及选择、组织、整合等认知过程,学生"选择"自己听到、看到的相关词语和图片,并从感知记忆转移到工作记忆;有选择地把词语、图片组织成连贯的心理表征,并在工作记忆中进行处理;从长期记忆调取先前的知识,将词语表征和图片表征进行整合产生新的知识。

梅耶认为,多媒体学习的最大挑战是支持学生的主动认知过程。以下三种任务和对应的设计原则是根据认知负荷理论的观点提出的,具体内容如下:

一是消除与学习目标无关的认知过程,可以采取连贯性、侧重性、冗余性、空间连续性、时间连续性五个原则。

二是通过选择性的认知,实现基本认知过程的有效管理。一般情况下,选择如下三种原则:分段原则、预演原则和模态配合原则。

三是通过深层认知,将内容加以系统整理,加快产出性认知过程,即领会学习任务和内在的学习动机,可以采取多媒体原则和个性化原则。

认知主义心理学强调记忆力的重要性。认知主义心理学认为,研究记忆力是研究学习的一种重要方式,有意义的学习依赖于学生在学习过程中的认知加工。在剖析多媒体、多模态学习的基础上,顾曰国提出了可供深入研究的基本假设,包括以下五个方面:

假设一:模态转换学习过程要比同模态学习过程相对困难一些。

假设二:通过适当的模态转换,学生可以更好地实现所学知识的内化,加深对知识的印象,提高记忆力。

假设三:多媒体、多模态学习比单媒体、单模态学习更能增强记忆力(实际情况不会这么简单,需要结合不同的语境做充分的实验,才能了解单媒体学习与多媒体学习之间及其与记忆力保持之间的关系)。

假设四:词语加图像一起学比单学词语要学得好一些。

假设五:相对于一个人单独跟计算机学,面对面跟教师、同学一起学更有利于增强记忆力(显然,后者的社会化程度远远高于前者)。

与传统的外语教学不同,新媒介时代的外语教学在教学媒体、教学方法等方面都发生了巨大的变化。数字化、泛在式外语学习有助于降低学生认知负荷,改进记忆机制,提高学习效果。以作文练习为例,传统的写作练习离不开纸和笔,出现错误的时候需要勾画后重新改过,比较麻烦。而多媒体形式下的作文练习要相对简单很多,学生修改文本不仅方便快捷,而且可以利用文字处理功能及时发现和纠正文本中的错误。以前也有学生课外坚持用英语写作日记或者周记,而现在的泛在式学习使学生可以通过短信、E-mail或QQ、微博、微信等社交软件随时随地写作。所以,学生在学习习惯、学习策略等方面都发生了巨大的变化。现在的写作也更加口语化、非正式化,经常使用缩略语、情绪符等。也就是说,数字化、可视化极大地丰富了文字写作的形式和内涵,集成性视听文本(如飞信、微信)在青年学生中广为流行。现在的书面课文通常都配有数字化的在线多模态文本,除了与书面课文相配套的在线文字形式外,经常还有音频、视频等辅助形式。数字化写作远远超越了传统的文字和文本模态,不仅包含文本的视觉元素,如布局、字体、字号、空格等,还可包含静态图表、画面、动画、色彩、音乐、录音等。学生不仅要熟练使用多媒体收集和整理信息,还要掌握使用不同文体和不同模态的技能,通过有意义的数字化写作,创新知识,进行跨文化交流。

　　在新媒介时代学习环境构建中,教育者往往只重视技术的运用而忽略了学生的感受,陷入把技术作为中心的误区。在教学中,技术只是教育的辅助工具,并不能代替学生的主体地位而存在。因此,多媒体学习认知理论更加注重和强调学生的地位,关注学生的学习机制和学习效果,一再强调信息技术的工具性和辅助性,强调教学的最终目标是促进学生有效学习。

　　有效性学习是学习理论的研究焦点。关于学习的研究成果表明,有效性学习具有以下显著特点:

　　(1)以学习为中心,鼓励参与,使学生在学习过程中逐渐明白自己是一个学生。

　　(2)学习具有社会性、协作性。

　　(3)能够善解人意,对学生的动机和情绪的重要性给予极大的关注。

(4)对学生个体差异(包括先验知识)特别敏感。
(5)对每个学生都有很高的要求,但不会成为学生的负担。
(6)评价与教学目的一致,高度重视形成性反馈。
(7)有助于活动与课程、课内与课外的关联。

新媒介条件下,多媒体学习认知理论的研究成果和教学指导原则对于实现有效学习具有重要的指导意义。

四、课程与教学论

课程与教学论在大学英语教学研究与实践中的作用和地位毋庸置疑。这里不求全面系统地从课程论的角度探讨大学英语教学,只从大学英语课程教学的实际出发,简要讨论内容依托教学法、多元识读教学法及教学设计理论。

(一)CBI 理论

CBI 理论起源于加拿大蒙特利尔开展的沉浸式语言学习项目。作为一种教学模式,内容依托教学法,融语言教育目标和专业知识于一体,使得学科知识的传授和语言技能的培养同时进行,为我国的大学英语教学提供了一个新的视角。它改变了传统教学中"先输入后输出"的教学模式,在学生进行外语学习的过程中,提倡最大限度地使用目的语完成教学任务,实现从语言输入(input)、吸收(uptake)到语言输出(output)的良性循环。

CBI 理论教学观点的要点在于,教师对于教学框架的设计是以内容话题为主,而不是传统的语法或者词汇的规则。这就把语言教学放在了相当重要的地位,融语言的掌握和专业知识的学习于一体,在提升受教者专业技能和专业能力的同时,助力其语言、语用能力的发展和提升。这种教学模式既可以激发学生的语言学习动力和积极性,也能够为学科知识的学习提供更为丰富的语言内容,一举两得。

CBI 理论的提出遵循了以下的教学原则:以学科失误为核心,使用真实的教学材料,满足不同的学生群体的需求。CBI 主要包含四种模式:主题模式、课程模式、辅助模式和沉浸模式。教师可结合自身教学环境、教学层次、教学对象及教学目的,选择性使用或者混合使用不同的教学模式。

研究与实践表明,CBI 的教学观具有以下显著的特征:

▶▶ **1. 真实的教学材料**

语言是通过内容习得的,高质量的语言教学材料能够为受教者提供真实可靠的语言情境,促进有效学习。

▶▶ **2. 内容与语言相融合**

对于非英语专业大学生来说,基于自己专业主修学科内容的学习,有助于促进语言输入、语言吸收和语言输出的良性循环。

▶▶ **3. 突出体验式小组学习和研究型学习**

以输出为驱动的 CBI 教学模式不以学生出色完成任务为目标,而是强调学生积极学习教师提供的真实性学习材料,在输出任务的驱动下,主动寻找新的信息和材料,继而在教师的协助下,最终完成任务并能展示学习成果。这样的研究型学习体验在传统的大学英语课堂中是难以实现的。

▶▶ **4. 内容学习、语言训练和应用及思维培养全面融合,相得益彰**

除了实现语言和内容双重学习目标外,通过体验式、研究型的学习,CBI 教学模式可以促使学生主动应用所学知识,培养学生的协作意识和批判思维意识。

▶▶ **5. 教师身份的根本转变**

从"授人以鱼"到"授人以渔",教师要改变传统的"灌输者"和"培训者"的定位,向课堂的引导者和协助者转变。在某些学科内容较为专业的 ESP 课程教学中,学生的学习主体地位更加突出,任课教师往往不是学科"内容"方面的知识专家,在学科内容上可能还要拜学生为师,教师的职责主要是通过教学任务和教学

第二章　大学英语教学中的理论基础

活动的设计，协助学生有效地开展基于内容的语言学习，完成学习任务。

"适应国家经济社会对外开放的要求，培养大批具有国际视野、通晓国际规则、能够参与国际事务和国际竞争的国际化人才。"这是国家教育部门通过政策的制定而给高校教育工作规定的指标。随着全球化的发展，我国高校教育在这种背景下，应该以培养跨文化实用性人才为整体目标，注重学生外语学习能力和外语运用能力的培养，培养学生学术英语交流能力，使他们能用英语直接从事自己的专业学习和今后的工作，并在自己专业领域具有较强的国际交往能力；同时，拓宽其国际视野，提升跨文化交流、沟通、合作及参与国际竞争的能力，提高学生对于社会和时代发展的适应能力。

近几年，大学英语学术界召开的高端学术会议，都从不同侧面反映了高等教育国际化背景下面向专业人才培养的大学英语教学发展趋势，对与会高校代表深入开展面向专业人才培养的大学英语教学发展具有相当大的思想指导意义和实践价值。具有代表性的会议，如"高等教育国际化背景下面向专业人才培养的大学英语教学研讨会"，将"面向专业人才培养的大学英语教学"作为主题。与会专家普遍认为，大学英语教学改革是高校本科教学工程的重要组成部分，应纳入学校提高人才培养质量的重点工作，以适应高等教育国际化和经济社会发展的需求。广大英语教师要更新教学观念，找准大学英语教学定位，改变培养模式，明确教学目标，重新设计教学内容，创新教学方法，提高教学质量。

专业型人才和实用型人才的培养是高校英语教学发展的主要目标，要想实现这一目标，对于英语教育体系和内容的转变及创新是重要的一环。在高等教育发展的浪潮下，本科院校的教育也逐步广泛和深入，对于人才的培养方案也是经过了反复的讨论、探索和尝试，已经初见成效。CBI的教学理念在外语教学中的推广运用满足了学生个性化的学习需求，增强了学生学习的主动性和积极性，使大学生的英语水平得以稳步提升。CBI教学理念成为外语教学的方针性、指导性理念，被广泛运用到教材编写、课堂设计等方面。各种客观因素推动了大学英语课程体系的深入变革。大学英语教师应密切联系本校学生学习实际，加强课程体系建设和教学团队建设，开发高校优质教学资源，提高大学英语教学水平。

（二）多元识读教学法

时代的发展变化不断地更新着识读能力的本质及识读能力学习的特征。在全球化、信息化的今天，新的技术塑造新的素养，读写、交流都在发生着本质上的变化。

在经济全球化背景下，交流的多模态化、文化的多元化和语言的多样性不断加深。在此背景下，新伦敦小组在《多元识读教育学：设计社会未来》一文中提出"multiliteracies（多元识读）"的概念，针对当代识读教育如何服务于学生的人生规划和个人发展，提出了多元识读教学法，在全球范围内产生了广泛的影响，成为当代语言教育的主流。多元识读教育是语言和文化的地域多样性与全球关联性显著增强的结果，也是新媒介时代交流表达形式多模态化的结果。

一方面，多元识读是全球化背景下文化、语言的多样性、多元化的结果。在全球化背景下，世界越来越小，英语被广泛应用于不同的文化和社会背景中，运用英语进行交流具有跨文化性。英语是一种全球性的语言，同时也具有多样性。

另一方面，多元识读也是新媒介条件下表达形式多模态化的结果。随着新媒介的迅猛发展，人们的交流方式发生了巨大变化，文本已经不再是唯一的或者主要的交流方式。书面语与口头语相结合，视觉、听觉、手势、触觉和空间等模态相结合，使交流具有多模态的属性，这些都要求学生具有理解、掌握那些越来越重要的媒体表现形式的能力。

新伦敦小组并没有对多元识读进行界定，他们认为多元识读概念的核心是两个"多"，即多语言和多模态。前者指社会化、职业化、跨文化环境下的各种社会语言，后者指当代信息交流的多模态属性。在新媒介迅猛发展的时代背景下，新伦敦小组所研讨的两"多"现象越来越突出，特别是多模态化。现在人们完全生活在一个网络化、数字化的世界中，博客、播客、维基、RSS、微信等社会化交流与协作软件已经成为人们学习、工作和生活的基本工具。

近年来，许多学者对多元识读进行了深入的研究和分类。昂斯沃斯根据识读教学实践，把多元识读划分为五大类：视觉素养、语言认知能力、课程素养、计算机网络素养、思辨能力。

胡壮麟从社会符号学的视角对多模态现象进行研究时,把 Multilitemcy 翻译为"多模态识读",并从社会符号学的角度把 Multilitemcies 译为"多元识读能力",认为这种能力包含技术识读(指多模态识读)和文化识读,即用新媒介与人进行互动式信息交流的综合能力和素养。胡壮麟把多模态识读能力划分为以下九个层次:

(1)参与者能够在信息环境中适当地工作。

(2)参与者可以借助信息技术收集和查找自己所需要的资料,并且能够按照规定圆满、高效地完成与信息技术有关的各项内容,利用多媒体技术完成多模态阅读和写作。

(3)对于多种多样的数字化信息进行理性的判断,并且做到有条理性、系统性地汇总和整合。

(4)参与者首先要具备高度的责任感,并且具有开阔的视野和开放的思想,能够在网络化的环境中发挥正面作用,高效快速地应对新背景、新环境下的多种多样的社会问题。

(5)在特定条件下设立的虚拟社团能运用专业技术互相协作。

(6)能够利用技术工具和各种方法,针对一个话题表达综合的知识。

(7)参与者能够对所处社会中信息技术环境如何发挥重要作用发表个人意见。

(8)能够运用新媒介更新学习方法,如采用非语篇写作。

(9)参与者不仅具有语篇信息识读能力,也具有符号和图像解释能力,能够利用多媒体和其他技术工具,如互联网,与人互动,参与学习,构建意义。

朱永生也曾深入地探索过多元识读能力,并且对这项能力和我国教育之间的关系进行了一定的分析。他认为,应当把多元识读能力的培养写入教学大纲,把多元识读教育理念引入语言教材编写、教师培训、教学评价、资源建设等教育活动中。随着经济全球化、文化多元化、教育信息化、语言多样性的不断深入,多元识读教育在高等教育中的地位和作用将越来越突出。

自多元识读教学法在 20 世纪末作为一种新的教学理念和教学方法被正式

提出以来,其本身也在不断地改进和完善。最早的多元识读教学法包括情境实践、显性指导、批评框定(一定社会文化语境下的批判性阐释)、实践应用四个阶段。随后,新伦敦小组在总结四阶段多元识读教学法的基础上,把学习活动划分为体验、概念化、分析和应用四大类,学生在行动中学习。他们认为,在学习过程中,体验、概念化、分析和应用四个步骤是一个互为先后、相互交织的过程。

1. 体验

人类认知是情景化的,是受认知环境影响的。学生可以将在校学习与在校外的真实生活体验结合起来,也可以将学习文本和学生的课外生活经验关联起来。这两种将学习与生活相结合的方法都属于文化关联法。这种体验有两种形式:一种是体验已知事物,学生通过反思自己的经验、兴趣、观点及自己对世界的理解,学生把自己的知识、经验、兴趣和生活文本分享到学习情景中;另一种是体验新事物,即通过观察陌生的情境或阅读新课文,使自己沉浸在新的生活情境和新的课文之中。值得注意的是,学生所接受的新信息、新经验、新课文应当符合学生的心智水平、接近学生的真实生活世界,通过新旧信息的交织能够促成学生有意义的学习。

2. 概念化

概念化不只是传统学科的说教,更是一个知识生成过程。在概念化的学习过程中,学生是积极的建构者,不仅需要把隐性知识转化为显性知识,而且能够进行归纳概括。概念化也有两种主要的方式:一种是命名法,学生通过对事物的抽象化命名,可以不断地拓展范畴、发展概念;另一种是用理论进行概括,学生作为积极的概念和理论创造者,建构自己的心智模型、抽象的理论框架及可迁移的学科图式。

3. 分析

有效学习离不开批评的能力,包括功能性分析的能力和批判性分析的能力。

第二章 大学英语教学中的理论基础

功能性分析包括推理、推断和演绎,确定功能关系(如因果关系),分析逻辑关联及文本关联。批判性分析指的是对自己和他人观点、兴趣和动机的评价,这种分析不仅涉及已知经验和新经验的互动,也包括先前概念与新概念之间的互动。

▶▶ 4.应用

应用包括适当性应用和创造性应用。前者指将自己的知识和理解应用于复杂多样的真实情景并检验其有效性;后者指学生运用自己的兴趣、经验和灵感对现实世界的一种创新性、开创性干预,正是这种创造性应用,使世界变得新颖。

作为新媒介时代的一种新型教学法,多元识读教学法仍需在实践过程中不断完善和发展。

(三)教学设计

教学设计与教学论的关系问题曾经是一个影响广泛的争议问题。文献分析表明,当下教学设计理论与教学论几乎是一致的,难以划清边界。

第一,这是因为教学设计与教学论的核心内容是一致的,都以教学处方为核心内容。

第二,教学设计与教学论的研究宗旨是一致的,其最终都是为了解决问题,这两者解决问题的方式及所产生的影响力也是大致相同的。

第三,两者之间的学术水准是一致的,它们都把焦点放在了对于教育方法和教育模式的探索上,其本身并没有创造知识的能力。

当下的教学设计与教学论都属于研究领域而非学科理论。有教学自然就有教学设计,两者的视野也是一致的。只有教学设计的技术学理论才能与教学论划清界限,并能催生新的教学论。教学设计的技术学理论把侧重点放在对教学系统的构建方面,而相对于教学设计的技术学理论而言,后者则把注意力放在教学系统的整体特征和运转机制方面。

随着高校教育的逐步发展,本科教育也在不断地探讨和实践怎样更有效地培养高素质的大学生。各高校纷纷出台了一系列的人才培养方案,对学分制做了一定的改变。与此同时,学校管理层对大学英语教学质量提出了更高的要求,这就给大学英语基层管理者和一线教师带来了更为沉重的压力。在提倡原有的外语自主学习机制下,外语教学的课堂教育创新成为外语教学创新成败的决定性因素。随着时代的发展,高校扩招使得大学英语教师的工作量加大。与此同时,出版业的创新使得大学英语教材出版商越来越注重教材的系统化建设,完备的教材体系和服务为一线教师提供了优良的教学资源和教学课件。但在大学英语课堂教学实践中,多媒体教学唱主角的方式也暴露了诸多弊端。例如,如果多媒体使用和管理不当,很容易淡化人际交流与互动,淹没教师的个人风格,背离以学生为中心的教学原则,忽视学生的语言学习中心地位。很多教师课前不用准备或者很少准备,过于依赖出版社的配套课件。在这种情势下,大学英语教师必须充分发挥个体能动性,密切联系本校学生学习实际,重视和优化教学设计,向有限的课堂教学要效率。

教学设计就是运用系统方法分析教学问题,确定教学目标,建立解决教学问题的策略方案、试行解决方案,评价方案试行情况,进而对方案进行修改。其宗旨是提出达到预期教学目的的最优途径和实施方案,需要经过教师的行动、观察、反思并不断修正。鉴于大学英语教学的同质性及课堂教学在课程、课型、教学对象、教学条件等方面呈现的巨大差异性,探索大学英语课堂话语建构的原则模型,有助于指导新媒介时代大学英语课堂教学实践,改进教学效果,实施有效课堂教学。

新媒介时代背景下的教学设计,不仅要遵循语言教学和教学设计的基本原则,还要特别关注现代教育技术的合理运用,强化多媒体、多模态课堂教与学,促进大学英语的有效教学。

开展多媒体、多模态条件下的大学英语课堂教学设计,必须充分考虑大学英语分课型教学的目标、教学条件、师生的信息素养、学生的语言水平和心理特征等要素,利用二语习得、教育学、心理学、认知科学的最新研究成果,调动教师的主动性、创造性。

多媒体、多模态教学条件下,深化大学英语课堂教学创新,需要教育学转向,特别是用现代教育教学理念和理论指导课堂教学,充分利用现代教育技术,改进课堂教学效果。教育学转向的核心任务就是加强课堂教学设计。

在教学设计理论研究方面,以往的教学设计模型多是围绕课堂教学环节开发的。教育技术领域第二代教学设计理论的先驱人物梅瑞尔在考查大量教学设计理论的基础上,提出了展示论证新知原理、尝试应用新知原理、聚焦完整任务原理、激活相关旧知原理、融会贯通掌握原理五项首要教学原理,并针对信息化教育发展的现状,指出媒体仅是表征内容的一种手段,不足以决定教学的效果,只有媒体与教学匹配才能起到促进教学的作用,否则就会起干扰作用。国内的一些专家和学者在教育生态学、认知负荷理论及多媒体学习认知理论的启发和指引下,开始更加深入地探索在新时代环境下的外语教学方针策略。

恰当地运用多媒体教学手段有助于减轻学生的外显负荷。结合学生的知识水平,恰当地处理学生内隐认知负荷,有助于学生的图式建构和信息加工,有助于学生在信息技术高速发展的背景下进行高效学习。在多媒体条件下,进行多模态学习是提升教学效果和学习效果的有效途径。

一方面,多模态、多媒体手段可以调节语言学生信息加工中的注意机制,有助于强化学生的语言吸收,提高学生的二语习得效果;另一方面,学生充分运用多模态、多媒体手段,可以大大提高言语交际的效率。

在大学英语课堂教学中,广大教师可以充分利用现代信息技术,研究如何通过多媒体、多模态手段优化学生的语言输入与输出。我们可以从应用语言学、教育学、教育技术学、话语学和教育生态学等不同的理论视角,通过探索多模态课堂教学设计原则,为大学英语一线教师组织和实施有效的多媒体、多模态课堂教学提供参照。

五、外语教育技术学

对教学技术、教学工具、教学技能的探讨是外语教学的重要方面,教育技术学在这种情况下应运而生,并且得到了快速发展。在我国,教育技术学已经发展成一门独立的学科。信息技术与课程整合研究的发展,使外语教学形成了新的教育信息化教学范式。按照库恩的范式学说,新范式的形成和转换意味着一门新学科的形成。教育活动的尝试和实践证明,计算机技术作为外语教学的重要工具之一,是外语教育技术学成立的前提。外语教育技术学是外语教育与多媒体技术的相互融合,是指导当代外语教学的科学理论和有效的指导方针,其教学理论和方法论对教学理念和教学实践都具有很大的指导意义。

作为一门独立的学科,外语教育技术学的建设刚刚起步,还有一系列的理论问题需要不断地探讨,运用该学科理论研究成果,探索外语课程与教育技术整合的新模式、新方法、新环境,进而在实践中不断丰富和完善外语教育技术学科体系。

六、教育生态学理论

教育生态学的诞生相对要晚一些,是在教育学与生态学相互作用下产生的一门新学科。它兴起于20世纪70年代中期,是研究教育与其周围生态环境之间相互作用的规律和机理的科学。其主要观点包括整体、系统、联系、平衡、动态等,强调要整体、综合地将教学中的各个因素纳入其中加以考虑,探寻和发掘教育过程中实际存在的生态紊乱问题,包括宏观失衡和微观失衡。教育生态学强调教育生态的平衡性,并且从这一侧重点出发去构建生态平衡的教学系统,积极调整整个教学系统中各个要素的生态位,充分保证教学系统的生态平衡和良性发展,提高教学效果,促进教育事业的良性发展,充分发挥教学的多维效益。在此基础上,教育生态学还对教育的本质和教学的运行机制加以研究和探讨,改变传统的师生关系,确保教师的指导地位,强调学生的主体地位,遵循师生平等互动的原则,调动师生双方的积极性和趣味性,真正实现教学系统要素之间的生态平衡。

生态学理论强调系统中的各个要素与外部环境之间的交流与沟通都必须找到其适合的生态位。但是,当把现代技术融入外语课堂之后,由于缺乏恰当的生态位,英语课堂各个要素之间、外语课堂与外在环境之间的关系发生了不协调的变化,使外语教学系统出现生态失衡现象。此外,外语教学过程中对信息技术工具的运用也出现了一些问题,如对信息技术工具的滥用、误用、过度消遣等,缺乏正确合理运用计算机技术的意识。这些现象在一定程度上说明了信息技术在外语教学系统中的作用和价值还没有得到有效的运用和开发,其真正的价值和意义还没有得到应有的体现。这就要求教育工作者提高信息技术的运用能力,积极探索信息技术应用的新方法,努力解决在外语教学过程中的生态失衡和系统紊乱现象,在生态学理论的指导下切实重视外语教学的提升和发展,致力于提高外语教学效果。

要实现外语教学的动态平衡,就必须坚持以下两个基本原则。

(一)稳定教学结构,实现教学要素之间的兼容并包

生态学理论认为,兼容和和谐是两个息息相关的概念,稳定和平衡也必不可分。"兼容"是实现"稳定"的有效途径和手段,而"稳定"是"兼容"所要达到的最终结果和根本目标。例如,外语教学课堂系统的生态整体是由各个要素组成的,当现代信息技术与外语教学融合以后,便成为外语教学生物链中不可或缺的一个要素。要想实现教学结构的稳定,就必须实现信息技术与外语教学系统各个要素之间的协调与兼容,并发挥各自的积极作用。只有实现了它们之间的兼容,才能最终实现外语课堂系统生态平衡和稳定,保证教学系统的正常、良性运转。

(二)制约教学运转,促进个体发展

一方面要对教学运转进行制约,另一方面要促进学生自身的进步和发展。这里的"制约"是手段,"促进"是目标。用生态学的话来说,外语教学系统中各要素都有其各自的生态位,都在各自的生态位上承担着一定的角色。但是,这些要素在发挥其角色作用方面是有一定限度的。现代信息技术条件下的外语教学,要想有效地促进学生(个体)的发展,就必须制约信息技术角色作用的发挥,尽量减少各种信息技术误用现象,使信息技术始终沿着"规则"允许的轨道发挥作用,并与其他要素相互兼容和配合。"制约"是为了更好地"促进",而"促进"则是合理有效"制约"的必然结果。因此,只有处理好"稳定"与"兼容""制约"与"促进"这两对辩证关系,外语教学才能在和谐的生态环境中自然健康地发展。

教育生态学理论对于大学英语网络自主学习中心的建设和发展也是大有裨

益的。随着教育部关于大学英语网络化教学工程的深入，各高校纷纷创建了大学英语网络自主学习中心，相关研究成果也不断涌现，但目前亟须从教育生态学的高度探讨大学英语网络自主学习的模式，有必要构建网络教育环境下的多模态英语学习模型。各种交互(包括学生与学习内容、学生与教育者及学生与学习工具之间的交互)是积极型学习的核心要素。此外，伴随着自主学习理论和实践的发展，欧美很多高校都建立了自主语言学习中心。在以多媒体、网络、虚拟现实等为基础的网络文化中，教育的开放性保障了以学生为中心的教学活动，使学生成为真正的自主学生。

  计算机辅助语言教学进入了新的历史时期，外语教育工作者借助局域网、互联网进行语言教学，研究网络教育生态环境下外语教与学的问题，自然成为应用语言学研究的一个热点。网络教育不同于传统教育四面围墙的、封闭的生态环境，它所面临的是多种社会环境，因而教育的生态环境就显得非常重要。要建构优良的网络教育生态环境，就必须关注学生的无意学习，激发学生的学习动力，合理保护、利用学生的脑力资源，提高学习效果。我们可以结合高校英语自主学习中心建设，研究设计基于学生自主学习的网络教育生态环境模型，探索满足大学生交互式、个性化、自主式英语学习需求的途径和方法。

  间性理论、多媒体学习认知理论和认知负荷理论是架构网络教育生态环境的重要理论基础，多媒体、多模态学习具有重要的网络教育生态学价值。

  认知图式有助于解释背景知识和记忆组织方式对于新的学习如此重要的原因，有助于减轻学生工作记忆的负担。影响工作记忆负荷的因素主要包括内隐认知负荷、外显认知负荷、适当认知负荷。一方面，开发多模态、多媒体教学手段有助于减轻外显负荷；另一方面，结合学生的知识水平，恰当地处理学生内隐认知负荷，有助于学生的图式建构和信息加工，有助于学生在网络教育生态环境下的外语自主学习。

  多模态学习是下意识学习的心理、生理基础。网络教育生态环境下，多模态获取信息不是全部通过词汇化的，通过语音、图像、动画、情感等非词汇化的多模态学习比词汇化的学习更有效。一方面，多模态、多媒体手段可以调节语言学生信息加工中的注意机制,有助于强化学生的语言吸收,提高学生的语言学习效果;另一方面,学生充分运用多模态、多媒体手段,可以大大提高言语交际的效率。

在大学英语网络自主学习中,网络教育生态环境模型的约束作用及教育工作者的多角色网络引领,有助于大学英语网络自主学习中心的建设、管理和使用。

第二节 语言学基础

一、二语习得理论的研究领域及其主要流派

对于二语习得理论的研究和讨论在20世纪六七十年代逐渐兴盛起来,并且在这一时期成为一门独立的学科,研究主要涉及以下三大领域:学习结果中介语研究、学生内部因素研究、学生外部因素研究。

在以上三个大的领域之下,每个领域又分为几个小方面进行研究。此外,也包括这三个领域之间相互关系的研究,以及领域内部各方面之间关系的研究和探讨等。

40多年来,二语习得研究先后涌现出许多种理论和研究走向,帕滕和威廉姆斯主编的《二语习得理论》概括介绍了以下十种主流理论:

(一)早期的环境论

在早期的环境论看来,语言是一种特殊的行为习惯,对语言的学习其实就是对行为习惯的学习和接受,这种理论依据源于行为主义的刺激—反应理论。二语习得其实就是一种新的语言习惯的形成过程,在形成新的语言习惯的过程中要摆脱母语的干扰作用。由于儿童对于语言的天生敏锐性及其使用语言的创造性和人脑的语言习得机制等理论,使得早期的环境论受到了很大的质疑,并改变了早期二语习得研究的格局。

(二)先天论

生成语言学研究者从普遍语法角度考查二语学生的过渡语能力,认为语言习得是人类与生俱来的天然的"语言习得机制"的产物。该派主要有乔姆斯基的"原则和参数理论"和克拉申的"监察理论"。20世纪末,影响最大的二语习得理论当数克拉申的监察理论。

监察理论的基本假说分为以下五个方面:

(1)语言习得与学习假说;

(2)自然顺序假说;

(3)监察假说;

(4)语言输入假说;

(5)情感过滤假说。

此理论的核心假说便是"输入假说"。在克拉申看来,二语的习得是在对所接触的语言充分理解的基础上进行的,这是语言习得的必备条件。学生只有在接触可以理解的语言时,才算是接收了有效语言输入,才能对语言的习得起到积极的作用。

(三)功能法

功能法立足于从形式到功能及从功能到形式的映射角度看待语言习得,认为语言学习的实质就应该从一对一的"功能—形式"映射发展到一对多的映射,即多功能性原则。该派提出的"概念主导法"从学生有表达某一概念的意义需要出发,研究学生如何使用不同的方式来表达概念。

(四)联结主义学习理论

该流派的"联结—认知原则"在强调标记和结果之间映射关系的同时,也注意到内在心智表征及社会因素、动机因素、学生经验等对二语习得的影响。

（五）自动化理论

该流派的"技能习得理论"（skill-acquisition theory, SAT）认为，人类对于任何技能的学习都需要经历以下阶段：陈述性阶段、程序性阶段、自动化阶段。其核心概念是"学习强力定律"。该定律认为，人的技能在实际操练过程中会发生质的变化。SAT 研究属于行为学性质。近 30 年来，关于这一观点的论据主要体现在计算机的运用方面，如通过计算机模型来说明认知机制如何工作，如何减少错误率，如何减少反应时间。但是，计算机和人类大脑是有很大区别的，这种论据只能是一种间接的论据。

（六）输入加工理论

针对成人二语习得的输入加工（input processing, IP）模型包含四个论断：①理解就是学生试图获得语义；②在认知加工和工作记忆方面，学生的理解一开始很费力，但这对机制关注的东西产生影响；③学生是能量有限的加工器，在一刻接一刻的加工过程中，不能像本族人那样加工和储存同样数量的信息；④学习者也许利用 IP 中某些普遍的东西，也许利用其母语或一语输入加工器。该模型的核心概念是形式、语义、加工、语法切分和费力理解。IP 模型的证据是句子解释任务和眼球移动。

（七）可加工性理论

可加工性理论认为，学生只能严格按照一定的等级循序渐进，按照习得的先后程序，把可加工等级划分如下：无程序、语类程序、名词短语程序、动词短语程序、句子程序、从句程序。

（八）自主归纳理论

目标是利用形式语言学来解释学生的语言能力，视语言能力的变化为心智语法的变化,并假设这些变化是通过语言习得机制的活动产生的。

(九)交互观(interaction hypothesis,IH)

二语习得中的输入、互动和输出既不是理论,也不是模型,但是这个假设融合了假设、理论和模型的许多元素。交互观的目标是通过学生接触和产出语言,通过关于产出的反馈等现象来解释学习过程。交互观证据来自课堂使用的各种教学任务。交互观与其他二语习得理论一样,研究二语习得的各个方面,只不过目前集中研究输入、互动和输出的作用。

(十)社会文化理论

基于社会文化理论的二语学习观认为,人们通过与外部环境之间的互动和交流使自身的实践活动得到发展。从社会文化理论的视角来探讨二语习得,就是对二语调节心智活动程度的研究。

纵观二语习得的主流理论和研究方向,二语习得学科具有跨学科、多元化的特征。其未来的研究侧重点应该强调以下三个方面:

(1)对于二语习得理论的研究和探讨,不应该闭门造车,而应该将其与认知科学领域的最新研究成果相结合,将人类的认知与运作机制和语言习得相结合。

(2)要深刻认识双语现象和双语能力的内在实质,借鉴其先进的理论对二语习得理论进行科学合理的评价和估测。

(3)精炼、概括二语习得理论知识。

二、中介语理论

中介语理论是在认知心理学的基础上发展起来的。中介语理论是对学生在语言学习过程中出现的语言失误的调查与整合。研究者总结出以下结论:母语相同的第二语言学生,在二语习得的时候,所出现的错误是大体相同的;在二语习得的过程中,学习同一种外语的学生,他们在一定时期内所产生的目的语的输出错误也是有一定规律可循的;在学习过程中,母语不同的第二语言学生在对语法进行学习和掌握的过程中,也会在结构方面犯类似的错误等。这种有趣的现象说明了潜在认知机制在语言学习过程中起着重要的作用。

石化现象是普遍存在于中介语习得过程中的一种心理机制,与语言形式的正确性没有关系。换言之,正确的和不正确的语言形式都会石化。因此,石化不应是错误的语言形式的代名词。语言学习是一种认知行为,应遵循人类共同的认知规律,主要受语言迁移、训练迁移、第二语言学习策略、第二语言交际策略和目的语的过度笼统化五个方面心理认知机制的影响。石化现象的产生,既与特殊的社会文化环境有关,也与英语学生本身素质相关联;既与固定模式化的教育体制和不恰当的教学方法有关,又与英语学生的认知心理偏差相关联。学习过程中,内、外因的共同作用导致了学生大脑中语言知识的固化。因此,要用科学理性的眼光和宽容的态度看待学生的语言错误,辩证地看待和理解中介语和中介语石化现象,这将有助于我们进一步认识控制石化现象的潜在的内部机制,提高二语教学效率。

研究还发现,汉语水平变量通过直接或间接路径对学生的英语写作能力产生影响,其中汉语写作能力、汉语词汇能力和汉语语篇能力对英语写作影响显著。英语水平在汉语能力变量向英语写作能力的迁移中起着制约作用。

三、计算机辅助语言教学

计算机辅助语言教学(computer assisted language learning,CALL)是探索并研究计算机应用于语言教学的科学。计算机辅助语言教学的发展经历了以下几个阶段:从 CAI 到 CALL 再到 NBLT。CAI 是 CALL 的初期阶段,NBLT 则是 CALL 发展的新阶段。

计算机的发展也经历了循序渐进的过程,从一开始的大型计算机发展到小型计算机,再到便携的个人电脑,最后发展到和我们息息相关的互联网。随着计算机的发展,作为辅助语言教学的工具,其演变经历了三个阶段:行为主义(behaviorist)CALL、交际性(communicative)CALL、综合性(Integrative)

CALL。第一个阶段是以结构主义语言学为理论基础的 CALL 阶段,即 CAI 阶段;第二个阶段以建构主义学习理论和功能语言学为理论基础;第三个阶段是以网络为工具的计算机辅助语言教学的理论基础的社会认知语言学。

社会认知论认为,语言是一种社会建构的现象,并不是个人的附属。在这方面做出突出贡献的人有海姆斯和韩礼德等人。在社会认知论看来,合乎语法性与社会接受性不可分离,认知与交际相互依存,在外语教学上体现为交际法。在这种教学观念的指导下,计算机作为一种教学辅助工具,成了受指导者,外语教师在把各项语言学习技巧整合到一起的同时,也在探究怎样更好地实现科技与教学的融合,学生可以运用现在的信息技术,用计算机创建一个仿真的外语学习空间,积极参与网络学习和自主学习,促进语言交流水平的提高。虚拟环境下的语言学习极大地拓宽了 CALL 活动范围,NBLT 研究也给 CALL 常见主题提供了新视角。

多媒体技术在我国高校大学英语教学中的应用和研究源远流长。20 世纪七八十年代,大学英语教师手提录音机到教室开展听力教学似乎是件新鲜事;20 世纪 90 年代初开始,高校语言实验室的普及大大促进了听力、口语、写作和翻译的教学;20 世纪 90 年代末,网络语言实验室成为高校改善大学英语教学条件的主要标志。进入 21 世纪以来,全国高校大学英语课堂教学几乎全部使用多媒体教室,各校纷纷建立网络英语自主学习中心,形成了多媒体课堂教学与网络自主学习相结合的大学英语教学新局面。

计算机辅助语言教学的发展历程说明,教育技术的应用与教育教学之间存在密不可分的关系,科学技术的进步和教学理念的发展是相互融合、齐头并进的。近年来,教学理念的更新和发展及多媒体、多模态教学方法的普及和推广,有效地促进了科技与教学的融合,成为外语教学重点探究和思考的问题。

四、我国的外语学习理论研究

长期以来,我国学者在二语习得理论研究方面主要靠引入国外理论,并结合我国外语教学实际开展应用性的研究。但是,一些国家对第二语言的习得和我

第二章　大学英语教学中的理论基础

国对于外语的接受呈现明显的差异。这就要求我国的外语教育应当从国情出发,结合自身的现实情况,探究适合我国外语教学实际的理论依据和方法论体系,对于国外语言教学理论的借鉴和引进要深入思考,慎重考虑。在对国外科学理论引进和借鉴的过程中,要注重我国学生在语言学习方面的特殊性,在吸收借鉴国外经验的基础上加以改进和融合,创建一套适合我国语言习得者学习的理论体系和方法论。

近年来,我国外语教育研究者结合英语教学在我国基础教育、高等教育中的实际情况,创造性地提出了有关假设并进行实验和推广,如王初明的"写长法"。这里重点介绍文秋芳积极探索符合中国国情的大学外语课堂教学理论而提出的"输出驱动—输入促成假设"。

文秋芳在大学英语教学发展学术研讨会上,以"输出驱动假设与课程教学创新"为题做了主旨发言。在此次大会结束后,文秋芳根据其在大会上的发言内容撰写了一篇名为《输出驱动假设在大学英语教学中的应用:思考与建议》的论文,系统地介绍了基于"学用一体"理念的"输出驱动假设",并且在外语教学与研究出版社的大力扶持与倡导下,将这一假设运用到实际的教学实践当中。

大学英语教学发展学术研讨会在北京举行,此次学术研讨会以"形势、目标、能力、策略"为主题。文秋芳报告了基于试验结果对"输出驱动假设"进行的修订与完善,在输出驱动假设基础上提出了"输出驱动—输入促成假设"。

根据"输出驱动—输入促成假设",输出驱动既是学习外语的驱动因素,也是学习外语的最终目的;输入是完成当下产出任务的促成手段,而不是单纯为培养理解能力和增加接受性知识服务、为未来的语言输出打基础。此外,文秋芳还站在课程论的高度,从教学目标、教学内容、教学组织(过程和方法)和评估体系方面,阐述了该理论如何有效地应用于大学英语课堂教学。

第三章 基于多模态话语理论的大学英语教学模式

随着现代科学技术的发展,很大一部分话语的意义是由非语言因素体现的,如身体特征、教学设备、实验室、计算机、网络和周围的环境因素等。在这种情况下,交际不只是利用一种模式进行,如说话是口头、书写是文字等,而是用两种或者多种模式同时进行,如用 PPT 上课则是图像、文字、口语同时进行的。这种以多种交际方式产生的话语就是多模态话语。多模态话语研究的蓬勃发展使得大学英语教学具有很强的多模态性。本节重点探讨不同话语模态之间的相互作用及在外语教学中的协同体现。

多模态话语运用多种感觉,如视觉、听觉、触觉等,通过语言交流、图像展示、声音播放、肢体动作等多种手段和符号资源进行交际。最初,话语的多模态性并没有得到人们的关注,只是注意到了现代语言学。多模态话语作为语言的辅助手段,人们只是从非语言特征和伴随语言特征的角度研究,并没有作为意义表达模态进行研究。但随着多媒体的发展,人们对多模态话语越来越重视,并随之对其进行了专门的研究。

自 20 世纪 90 年代开始,系统功能符号学者开始关注多模态话语中模态间的关系和语法整合问题。多模态话语中模态间的研究目前大致有三种观点,即意义关系、成分衔接和符号领域。

第一节 多模态话语各模态之间的协同关系

一、多模态话语的媒体系统

交际媒体是多模态交际中的使用工具,只有区分模态和媒体的概念,才能正确领会各种模态之间的关系。斯克里和莱维内提出,模态是一种符号系统,它既

第三章 基于多模态话语理论的大学英语教学模式

可对比,又可对立,而媒体则是符号分布印记的物质手段,像说话时所发出的声音及手势动作。克雷斯认为,在教学中使用多种模态进行信息传递有三个理论基础:第一,物质的媒体经过社会长时间塑造,成为意义产生的资源,可表达不同社团交流的意义,这就成了模态;第二,各种语言模态互相交融并同时发生作用,而且这种互动本身就产生意义;第三,使用者经常对表达和信息传递的模态加以改变,以适应社会信息传递的需要,这样旧的模态就被新的模态所代替。可见,模态的物质基础是媒体,如果没有媒体,模态就毫无意义。这就是讨论媒体分类和作用的原因。

这里所谓的媒体,指的是所有符号系统的媒体。语言媒体是人们在实际交往中首选的媒体,因此,可以把媒体分为语言媒体和非语言媒体。从任何的语言学角度出发,声音符号和书写符号是能够实现意义传播的两种语言媒体,这两种媒体是语言传播的主要媒介。随着科技的发展,出现了更多的媒介,如电脑、手机、平板电脑等移动终端,都可以对声音和文字进行识别,但是最后的传播媒介仍然是声音或字符。这些语言媒体对语言意义的表达具有十分关键的作用,稍有不慎就会改变整体意义。在实际交往中,肢体媒体和非肢体媒体是非语言媒体的两种形式。肢体媒体指的是人们利用表情和动作形成的媒体符号。非肢体媒体是指不通过交际者的肢体而产生作用的媒体,如交往中所用的设备及周围的环境等。现代飞速发展的科学技术使非肢体媒体变得越来越发达。例如,教学中常用的投影设备、无线网络设备等。交际者还可以利用身边的人、物和周围的环境因素等进行交际。

多模态话语中"多"的含义十分丰富,既包括交际者的视觉、听觉、触觉、嗅觉等感知渠道,又包括交际时的各种媒介及其符号,如声音、语言、动作等。多模态话语使"话语"不再局限于语言和文字两种表达方式,而是由多种方式表达的意义实体。多模态话语可以体现出"话语"更深层次的意义及其复杂性。

媒体是没有意义的,其只是一种载体,只有通过形式表达才能让媒体具备一定意义。模态用两种手段对媒体进行组织和构建:一种是媒介符号被直接赋予某种特定意义,如"红灯停、绿灯行",这里的红灯、绿灯由媒介与意义组成,所以其用途仅限于指挥交通;另一种是语法,它可以为单个符号赋予意义,也可以将多个符号组合起来赋予这个组合特殊的意义,语法的作用就在于此。

二、多模态话语形式之间的关系

(一)多模态话语间关系的理论基础

张德禄基于系统功能语言学理论,组成多模态话语分析综合理论框架,并根据这个框架,设计了动态多模态话语分析框架。

受体裁系统的制约,在特定的语境中,交际者可以根据实际语境和交际目的,选择合适的模态和体裁结构将要表达的意义表现出来。交际者可以选择用视觉模态(如图形)表达,也可以由听觉模态(如音频)表达。在系统选择中,最关键的因素是利用好不同模态之间的关系,使不同的模态相互配合,从而构建动态多模态话语的整体意义,因为不同的模态体现的意义属于同一个交际事件,需要整合为一体才具有交际意义。这种模态之间的配合主要体现在模态的形式层面,即在词汇语法层面表现出来。张德禄将此关系归纳为互补关系(强化和非强化)和非互补关系(交叠、内包和语境交互)两大类。

模态之间的关系不是静止的,而是随着时间推移而变化的动态过程,可能是以图像为主、语言为辅的过程,也可能是以语言表达为主、图像和动画为辅的过程。如果是以图像为主,那么图像中的文字与图像之间也是一种互补的关系。两者之间关系的变化是和交际事件的进程密切相关的,这种动态性的文字、图像与动画的关系,是动态多模态话语分析的研究要点。

(二)课堂中多模态之间的关系

课堂教学话语是以多模态为特点的。多模态基本上分为五种:视觉模态、听觉模态、触觉模态、嗅觉模态和味觉模态。教师的话语在教学中属于主要模态,

第三章 基于多模态话语理论的大学英语教学模式

但是话语是抽象的,不能形成具体的、形象的且能够存留的信息,因此在教学过程中还需要多种模态相互配合。在一般的课堂教学中,文字是话语的主要补充方式。但是在科学技术飞速发展的今天,新技术能够为课堂教学提供更多的模态配合,各种模态之间相互协同,共同构建有意义的课堂教学。在研究各种模态话语形式之间的关系时,首先需要考虑的是人们使用多模态进行交际的意义是什么,是生理和心理的表现需求,还是因为多模态能更加充分地体现出交际者的实际意图?一般情况下,可能这两种情况都会涉及,但是最主要的原因应该是第二种,即一种模态不足以表达清楚交际者的意义,从而利用另一种模态进行强化、补充、调节、协同,令交际者能够更加充分、准确地表达其实际意义,使对方更容易明白交际者的目的。

从这个方面看,多模态话语的作用就是要充分表达讲话者的实际目的。典型的多模态话语模式是指一种模态的话语不能充分表达其意义或者无法表达其全部意义,需要借助另一种模态补充,故把这种模态之间的关系称为"互补关系"。例如,在课堂教学中,教师的话语不能充分表达其真正目的,而借助投影仪播放一段动画,将语言和视觉模态相互补充,可以达到使学生充分理解和记忆深刻的目的。

在这种互补关系中,各种模态各司其职,通常其中的一种模态是基本模态,如语言在多模态中具有基础的交际作用,另一种模态具有补充作用,补充可以是强化,也可以是补缺。强化关系是一种或多种形式对基本模态的强化。例如,在英语课堂上,教师用图片和视频对语言教学进行强化。在美术课堂上,教师的话语只能起到辅助和强化的作用。补缺是在两种模态缺一不可的时候互相作为对方的补充,视觉和听觉就是一对模态组合。

非互补关系,是指其他模态对基本模态在意义的表达上作用不明显,但是依然可以作为一种模态进行意义表达。这种关系一般体现为模态交叠和语境交互的关系。交叠现象是两种或两种以上模态同时存在,相互之间却没有强化的关系。模态与语境的关系可能是积极的关系,也可能是消极的关系。情景在参与交际的过程中,所依赖的是交际者的交际目的和方式。因此,多模态性多体现在对情景依赖较强的交际中。

三、多模态话语在外语教学中的协同关系

在漫漫历史长河中,语言研究已有上千年,但是对多模态的研究只有十年。在课堂教学中,语言教学仍然占据主要地位,其他的多种模态教学只是起着不同程度的辅助、强化或补充的作用。随着科技的高速发展,知识时代强调信息传播的多样性及技术的重要性,尤其是数字技术的广泛应用。计算机技术的发展为多模态教学提供了更加便利的条件,结束了几千年来话语和文字占统治地位的教学方式,图像、动画等新技术成为教学的主要手段。多模态相结合的教学方式成为重要的研究领域。交际工具的多样化和语言的丰富性要求教学方法应该向多元识读教学法发展。多元识读能力主要表现为多模态的识读能力,为了提高学生识读多模态的能力,教师在授课过程中不仅要把多模态协同应用于课堂教学,还要注重课外教学中多模态的运用,使学生在体验中提高多模态识读能力及应用能力。

(一)多模态话语在外语课堂教学中的协同关系

1. 课堂话语的意义建构

课堂话语的意义建构过程是符号实践的过程,也是物质过程。社会符号及系统功能语言学的理论为多模态课堂话语分析提供了理论框架。课堂教学是由教学内容、师生关系和课堂模态调用三个方面组成的。课堂教学内容的大纲是以布鲁姆的理论为指导的,各种符号资源之间通过相互作用实现整体的意义,元功能理论为课堂教学中各符号间相互作用的研究提供了分析工具,学生在识解符号资源相互作用中完成意义建构。建构主义认为,教学环境中的符号作用于意义建构。意义构建是学生根据已有的知识对现实情况进行认识并理解的过程,是学生个体建构与社会协商的结果。

鉴于其他模态具有与话语模态相近的作用,因此要对多模态进行系统描述,

第三章 基于多模态话语理论的大学英语教学模式

对多模态交往过程形成的结构进行分析与研究。首先要研究的是语言系统中的词汇语法,多数语言的词汇和语法系统都能得到系统的研究与描述;其次是对各个模态的系统和结构的研究,大多数情况下,到了意义层面就不能真正厘清词汇语法系统和意义系统的区别。因此,对多模态的研究还处于认识阶段。

▶▶ 2. 大学英语多模态课堂

下面根据我国大学英语教学的实际情况,探讨各种模态之间的协同合作关系。

(1)大学英语多模态课堂中的要素。教师、学生、教学内容及教学媒体是构成大学课堂教学的四要素,这四个要素对课堂教学来说缺一不可。在课堂教学过程中,教师利用教学媒体,将教学内容传授给学生,学生是学习的主体,教师是课堂的主导,各个要素相互影响与制约,使教学具备了特殊的意义。在教学过程中,如何利用多模态使课堂四要素的功能得到充分发挥,是值得英语教育者思考的问题。

第一,教师。教师处于课堂教学的主导地位,不仅在教学过程中,而且在课前组织和课下反思中都发挥着重要的作用。教师在语言表达上,除了用口语表达外,还用面部表情、声调语气等多模态话语对学生进行教学。话语表达是课堂教学的基本模态,教师的声调、语气、音量、口音等都会对教学产生影响。在平常的教学中,英语教师的基本要求是发音标准、音量适中、抑扬顿挫、字正腔圆。

在课堂学习过程中,学生仅使用听觉模态是不行的,还要通过视觉模态帮助理解和强化记忆。一个人的真实情感和情绪都可以在面部表情上得以体现,因此面部表情是师生交流情感的纽带,起着不容忽视的作用。在课堂教学过程中,教师可以用点头、微笑、眼神和学生进行情感交流,不仅能增进师生之间的感情,还能活跃课堂气氛,增强学生的自信心。

同时,身体语言在课堂教学中也起着强调与补充的重要作用,甚至可以替代话语。当学生不能明白教师的讲解时,可能通过教师的一个手势就立刻理解所讲之义。另外,教师的着装也会对学生产生影响,过于鲜艳的颜色容易分散学生的注意力。

　　第二，学生。在课堂教学中，学生处于主体地位。学生是多模态教学课堂的重要组成部分，学生在学习过程中应主动探寻未知世界进行知识建构。在多模态课堂教学中，学生应积极调动自身的感官，主动接收通过视觉、听觉、触觉等获得的信息，主动建构自己的知识体系，并及时与教师进行沟通。学生通过听、说、模仿等练习提高口语能力和听力。想要说一口地道的英语，必须通过大声读书和模仿练习才能实现，这种练习属于听觉模态符号。学生回答教师的提问，表明学生能够积极参与课堂学习。在多模态课堂教学中，学生这种行为反馈是教师对课堂教学进行把握的关键。师生之间的眼神交流，具有一定的传递作用。如果教师从学生的眼神中看到的是崇拜和激动，就会觉得这堂课的教学是成功的，是有意义的。如果教师看到学生不愿意与自己进行眼神交流，学生无精打采、昏昏欲睡，教师就会认为自己的教学是失败的，需要反省自己的教学方法，并调动一切有利因素提高学生的积极性。

　　在多模态课堂教学过程中，一些话语的意义需要通过非语言因素体现。这不仅要求教师注意语言语气、手势体态，还要求学生对教师的教学内容做出反馈行为，用语言或眼神与教师进行交流。这样既可以促进教师改进教学方法，又可以构建和谐课堂，实现多模态教学的最佳效果。

　　第三，教学内容。教学内容是指为了实现教学目标，要求学生系统学习的知识、技能和行为规范的总和。在多模态教学中，教学内容的传播主要以视觉模态和听觉模态为主。

　　视觉模态符号由书面语言和与教学相关的图片等组成。随着计算机技术的发展，多模态教学中大多会用到PPT。教师在制作PPT时，要充分考虑到字体、背景、色彩、图片等因素，使PPT课件发挥最大的作用。在情景教学中，实物展示最利于学生单词的识记及内容的联想；图片是对文字最重要的补充，有时一张图片比一段话更加形象和直接；而视频是对图片的补充，能更加生动形象地实现教学目标，有利于活跃气氛，加深学生的理解。当然，过于繁杂的教学模态可能会影响到教学效果。听觉模态符号由教师的讲述、录音的播放、学生的发言和讨

第三章 基于多模态话语理论的大学英语教学模式

论等组成。教师字正腔圆的讲述能够得到学生更多的关注,使学生了解更多相关的知识;同学的发言和谈论也会激发学生学习的主动性,促进学生之间的知识和情感交流,发散学生思维学习英语。音频材料在英语教学中使用得比较广泛,学生只有通过长期的、大量的听和练,才能提高听力水平和口语水平。因此,要选择合适本阶段学生学习的音频资料进行练习,太容易的达不到提高的效果,太难的又会打击学生的自信心。

第四,教学媒体。教学媒体指的是在教学过程中传递信息的方式。计算机和互联网的发展为多模态教学提供了技术基础。多模态教学是多种模态协同合作,在英语教学中使用的多媒体教学平台、语音教学平台及网络互动平台是多模态英语教学的辅助手段,能够让学生身临其境地享受英语教学,激发学生的学习热情,达到最佳的学习效果。

教学过程是指教学活动的开展,是教师在已有硬件资源的基础上,结合学生特点,借助一定的教学条件,指导学生通过认识教学内容,并在此基础上得到身心发展的过程。在英语教学中,各种模态相互协同发生作用,有教师的口语表达、学生之间的问题讨论,还有通过PPT展现的图片、文字、动画等。

(2)大学英语多模态课堂的教学过程。张淑杰根据功能对教学过程进行分段分析,建立了可以为教师提供参考的基于模态的英语教学语类结构。其中,有七个阶段是必选因素,六个阶段是可选因素,两个因素的顺序可以根据所教内容安排。基于多模态的英语教学语类结构可以总结为:开始—教学目标—(学习要求)—(过渡阶段/复习阶段)—导入—文化背景—课文内容—语言讲解(语言相关的活动、情境相关的活动、学生自学)—主题类总结—语言类总结—作业(作业相关的活动)—评价。此外,他还对修改版的布鲁姆教学目标分类法进行分析,总结教师在每一个分目标下的最佳角色。

(3)大学英语多模态课堂中的角色建模。角色建模是指从社会协作角度分析一个角色模型内的角色交互,定义承担这些角色的实体应具备的任务和能力,目的是建立完整的角色描述。建模侧重于一个对象在系统中的位置和责任,以及与其他角色的行为交互。角色建模语言里的两个最基本角色是人角色和非人角色。课堂环境下的人角色指的是教师和学生,非人角色指的是课本、黑板、音频、视频等多媒体。教师角色是行为发起者,学生、视频、音频、课本、黑板等角色是行为引发者。教师角色负责策划、设计、组织实验、反思教学活动、实施教学理念,学生和上述非人角色对教师行为做出回应,形成互动。

(4)大学英语多模态课堂教学的环境。大学英语是一门公共课,也是一门必修课,全校每个年级的学生都要学习英语课程。20世纪的大学英语课程大多采用单模态的教学方式,不具备真实的语境。随着科学技术的进步,新技术在教育中的广泛应用,大学英语的课堂呈现多模态化。口语、文字和图片的结合,音频和视频的适当选用,让学生通过视觉、听觉等感官体验,有一种身临其境的感觉。多模态化英语教学能最大限度地培养人才,满足社会发展的需要。

大学英语课堂多模态环境由媒体、模式构建而成。学生是媒体服务的对象,是课堂信息的接受者,课堂上主要采用视觉、听觉、触觉三种模态。在多模态大学英语课堂上,学生与学生之间传递信息,学生也反馈信息给教师,主要通过口头表达、书面表达、肢体动作等方式进行信息传递与反馈。

(5)多模态在大学英语课堂中的协同建构。21世纪的大学英语课堂不是语言模态教学,而是多种模态协同完成的教学模式,包括口语、文字、图片、音频、视频、动画等。不同的符号系统在适当的语境中表达出交际者的目的,但是系统符号不会独立表达交际者的目的,而是和其他模态符号共同完成交际者的目的。从模态的角度讲,课堂教学涉及多种模态的配合。第一是口头模态,表现为教师和学生的口头对话和交流;第二是以PPT为载体的模态组合,包括图像、文字、录像和声音等;第三是教师和学生在教室内的活动;第四是教师和学生的手势和身体动作;第五是教师的面部表情;第六是教室的空间布局及周围的相关事物。

大学英语课堂教学的目标是指教学活动实施的方向和预期达成的结果,是一切教学活动的出发点和最终归宿。教师既要教会学生,又要管理好学生。

其一,课堂布局属于视觉模态的范畴。它确定了教学的环境,也确定了教师和学生的权位关系和角色。黑板、幻灯片是学生的视觉对象,讲桌和讲台象征着教师的权威和职责,也是教师权威教学的主要工具。其二,课堂教学中以听觉模

第三章　基于多模态话语理论的大学英语教学模式

态为主。教学的过程实际上就是口头交际的过程,视觉模态只是为课堂教学提供了背景信息,起辅助和强化听觉模态的作用。其三,在课堂教学中,教师的话语占整个话语量的60%～80%,占主导地位。由于学生接受的主要信息来自教师的话语,因此,对教师话语的质量有较高的要求:口语表达要准确深刻,要有正确的语法、精准的词汇、字正腔圆的发音及匀速的表达。同时,大学英语要求教师具有很高的英语口语能力。此外,教师在课上的发音高低、语调和节奏,吐字清晰度,都会影响教学效果。在听觉模态内,各模态之间协同合作,辅助口语模态进行教学。其四,教师在实际工作中也会使用视觉模态作为话语模态的补充,用图片或动画补充话语模态,用面部表情或手势辅助话语模态进行意义的表达。此外,教师也可以通过人际意义提高教学效率,如亲切的表情、工整的着装、站姿挺拔和适当的走动等。因此,教师的表情冷淡、没有微笑、不亲切等会在一定程度上会影响教学效果。其五,教学与一般的交际不同。一般交际时所需的信息难度较小,而且不需要记忆。而教学所需的信息难度较大,不仅是信息的传递,还需要记忆,尤其是英语教学,需要学生获得相关的语言能力,注重学习能力的培养。因此,教师需要利用口语、图片、音频等工具,对教学内容进行强化,用PPT对所教知识进行补充,尽量达到真实语境的效果。其六,话语交际是双边的,教师只教而学生不学也不能达到教学目的,教师尽量获得学生的反馈,没有什么比口语交流更能提高英语交际能力的办法了。

(二)多模态话语在外语"课外"教学中的协同关系

随着互联网技术的发展,有许多聊天室和在线访谈服务为学生的口语练习提供了便捷的场所。在这样的环境下,每个学生都能进行课外练习,并以此作为课堂教学的辅助手段。

作为教师,可以在固定网站上设置专门的课程站点,也可以导入学生站点,还可以完成授权学生用户、布置作业等任务,以导学方式吸引学生展开学习资源的分享与协作学习项目的创建过程。

教师可以利用QQ、微信、电子邮件等方式,在线辅导学生学习,及时评判作业,还可以建立QQ群、微信群,实现即时的交流与讨论。有时候,课堂讨论并没有线上讨论那么激烈,一方面是学生思考周期的原因;另一方面是因为有些学生性格比较腼腆,而有的学生碍于情面不好意思当面批评别人。另外,课堂时间有限,用于讨论的时间更有限,不可能进行深度讨论。这些问题都可以通过教师的博客得到解决。教师以匿名的方式将学生稿件上传到博客,并让学生以匿名的方式对这些稿件提出意见或建议。这样做会得到更加激烈的讨论,进而提高知识的传播度和理解度。经过这种课上课下的学习与讨论,可以增强学生的学习兴趣,提高学习效果。随着科技的发展,先进的教学手段必将伴随先进的教育理念,并服务于先进的教育理念。如果使用了先进的教学手段,却沿用老旧的教学理念,那么只能是从"人灌知识"到"机灌知识"的改变,仍然在同一水平徘徊。因此,多媒体教学是促进教育理念更新的关键,多数教师对此都深有体会。

网站可以提供页面流量统计与分析的功能,这些功能有助于教师了解有多少学生参与线上协作学习,有哪些学生对哪些栏目感兴趣,有利于教师对协作学习进行更加客观的评价。

四、多模态在大学英语课堂中的协同原则

多模态课堂使英语教学重新拥有活力,教学模式的多元化使英语课堂不再呆板,而是充满生机,在选择多模态方式教学时,不是越多越好,而是要根据课程内容选择合适的模态进行教学,这样才能取得良好的教学效果。从这个意义上说,多模态就像一把"双刃剑",合理使用它就会增强教学效果,提高学习效率;反之,就会影响学生的注意力,对识记能力产生影响。所以,教师在教学时要对各种模态择优选择,还要处理好各模态之间的协同关系。

(一)多模态话语的有效性原则

在课堂教学中,多模态内容的选择要注意部分与整体的关系、前景与后景的关系及强化关系。教师要先选择一种媒体来提供具体信息,然后通过PPT、图片等模态强化知识点的识记,通过这种模态间的协同进行课堂教学,实现教学目

标。在整个教学过程中,前景是语言交际,其他模态为语言交际提供背景支持。形象、生动的图片,优美、激昂的音乐及幽默的动画,可以提高学生的学习兴趣,集中他们的注意力。例如,某节课上,教师需要播放英文电影片段进行辅助教学,在此之前,教师对该片的主要内容、人物关系及文化背景都会做简单介绍,使学生提前在大脑中形成图式知识,这样学生在观看影片的过程中才更容易接受新知识。多媒体只是教师教学的一种方式,并不能完全替代教师的教学,所以学生应该充分整合教师的语言、手势及教学工具所呈现的多模态形式。总之,各种模态的教学方式最终都是为教学服务的,是教学内容的辅助手段。

(二)多模态话语的交互性原则

和谐的多媒体大学英语课堂,涉及教师、学生和多媒体之间的关系。目前,大多数英语教师在课堂教学中都会使用多媒体,用幻灯片代替黑板,把文本数字化,用多模态方式进行教学。这里的文本不光指文字,还配有图片、声音等,能够充分引起学生学习英语的兴趣,同时也给教师的教学带来了难度。而过于花哨的 PPT 会吸引学生把注意力放在其他方面,让师生间的互动产生困难。师生之间的互动是多模态课堂产生效果的前提。在多模态课堂中,学生应积极地参与话题讨论,使之有更多的练习机会,并获得成功的体验。在设计 PPT 课件时,教师要考虑到师生的互动,为学生留出充分考虑问题的时间。与此同时,可以让学生参与 PPT 课件的设计中,让学生更加充分地体验到多模态课堂的益处,使多模态话语的优势发挥出来。

(三)多模态话语的搭配性原则

在教学中选择什么样的模态教学,应该以模态之间能够成为最佳搭配及产生最佳效果为标准。比如,在单独使用三种模态之一时,都会产生正效应,但是将三种模态组合在一起后,并不能互相配合产生更大的作用,相反,还会降低应有的效应。例如,在播放动画的时候,如果教师非要进行口头讲解,就会起到相反的作用。适配性原则还体现在:教师作为专业课程开发的主体,要以研究者的身份进行课堂教学,发现问题,采集数据,运用教学实践经验进行多层次、多角度的分析,使自身的实践和教学内容形成理论上的理解和建构。此外,外语教师还必须了解不同学科、不同场合、不同目的所使用的不同语言文化形态,从而采取不同的传道方式指导和帮助学生。通过言语、视觉、听觉各个模态间的连贯适配,使教师、学生和多媒体之间实现和谐。

五、教学启示

从上述关于多模态在大学英语课堂教学中的协同关系讨论中,我们可以得出以下启示:

第一,教师的口语讲述质量要高。教师站在讲台上就相当于学术的权威,要想吸引学生的注意力并且让学生学到真正的知识,其表达能力必须好,信息传递必须通畅。这就要求教师拥有较强的语言表达能力,发音标准、字正腔圆,还要控制好语速、语调和音量,注意口音、口气和重音,各个方面都要严格要求自己。

第二,教师要协调各种模态,提高教学效果。在以口语模态为主的课堂上用其他模态作为补充和强化,适当地利用动作、幻灯片和各种设备来辅助教学,还要确定各种模态的使用效果。通过分析各种模态的教学效果,确定使用什么类型的模态和教学方式进行搭配,以更好地发展学生的学习能力。

第三,教师要学会利用周围的环境为教学服务。这里的环境既包括已有的环境,也包括需要创造的环境,如教师的身体动作和教室的硬件设施等。

第四,教师要学会用人际意义来提高学生概念意义的获取,提高互动频率和效果,如教师与学生的交流要亲切,用诙谐幽默的语言烘托课堂氛围。教师要竭尽全力拉近与学生之间的距离,适当地踱步于学生之中,适时地引起学生的注意,让他们把注意力放在教师所讲的内容上。

第五,教师要学会使用多媒体教学方式,如幻灯片、录像、电影、同声传译等,利用这些方式可以模拟真实的英语语境,提高学生的学习兴趣,并取得显著的教学效果。

第六,教师与学生之间的角色要适当互换,为学生的实践提供机会,让他们进行表演、演讲、辩论等,使他们不再是被动的听觉、视觉模态的接受者。

目前,对多模态话语的研究是一种必然的现象,因为多模态是现代话语中一个非常突出的特点。在大学英语课堂中运用多模态话语分析理论,将口语与文字、图像、录像等结合在一起,可以大大提高学生的学习效率和教师的教学质量。胡壮麟指出,"教室中各种模态的应用形成了一个连贯的整体,特别是课本中的图像使教师的讲述更加完整和具体"。

由此可以发现,教师在课前准备阶段要收集大量与教学相关的信息和图片,还要制作相关的课件,以此来激发学生的学习兴趣。笔者以外语教学课堂话语为例。探讨多模态话语的体裁结构、模态语法及模态在共建课堂话语意义中的协同,发现不同的话语交际目的需要选择不同的模态,话语体裁的不同阶段有不同的交际目标,所以也需要不同的模态和模态组合来体现,多模态语法单位可根据多模态语篇的最小单位的体现形式来确定。另外,模态的语法是多模态研究的基础,也是多模态协同研究的结合点,需要在该领域做更深入的研究。

第二节 多模态话语的认知过程分析

一、多模态话语分析的理论基础

法国著名的符号学家巴特是研究多模态语篇的开创人。巴特研究多模态是从符号学的视角出发的,所以多模态语篇分析从一开始就被符号学打上了深深的烙印。多模态话语分析融入了认知学、心理学、社会学等领域的研究,打破了传统单一的语言模态的限制,形成了多模态协同的局面。

多模态话语分析和研究的理论基础是系统功能语言学,可以从语法、形式、媒介、话语意义、文化背景等多层次对多模态话语进行研究。除了语言媒体之外,科学技术媒体为话语交际提供了更多的选择,各种各样的模态可以作为话语模式的补充,更加真实地表达交际者的目的。

二、多模态话语分析的主要学派

目前,一些多模态的研究者会关注语言学之外的其他领域,还有学者对语言学理论进行拓展应用,这些领域为非语言模态进行意义构建提供了基础。不论语言还是非语言,它们作为符号的地位是相同的,都对意义进行构建。但是,多模态的研究往往掺杂了一些折中主义。

(一)社会符号学的分析方法

图尔和克雷斯等是用社会符号学方法分析多模态话语比较早的人,他们的研究都受到韩礼德社会符号学理论的影响,主要是以韩礼德功能语言学为基础的社会符号学分析。韩礼德运用系统功能语法对英语语言进行了分析,其核心理念是语言作为一种社会符号,具有三大元功能:一是概念功能,既能够表达个人情感,又能够描述客观事实;二是人际功能,能够体现交际者的角色;三是语篇功能,能够形成一个完整的语篇。克雷斯和图尔等认为,图像也属于一种社会符号,可以用韩礼德分析语言的社会符号学的方法对图像进行分析。语言的结构决定了利用单词组成语句和段落的方式,视觉的结构决定了利用人物、时间、事件、地点等陈述视觉的过程。他们主要研究利用语言和视觉来表达意义,使两种模态相互合作实现整体意义,并且把这些融合在多模态语篇内。根据上述语言的三大功能,他们从再现功能、互动功能和构成功能三个方面分析图像。在对语篇进行分析时,这个流派的学者把语言分析和图像分析进行整合,用这个新的整体进行话语分析。自此,有很多学者用三大元功能思想分析各种交际模态,如莱文对声音的符号学分析、马丁对剧院的分析等。

(二)交互社会语言学的研究方法

交互社会语言学更加关注的是,交际者使用交际语言构建交际情景和他们当时的身份。交际者在交际中通常不会只做一件事情,只有在特殊的情况下,交际者才会把注意力放在某一件事或某一媒体上。所以,在分析话语时经常会使用不同的视角,有时会使用非语言学的视角来研究多模态,其出发点是人们的行为,而不是语篇。斯科里翁的介入话语分析理论就是建立在交互社会语言学基础上的。

在斯科里翁的理论基础上,诺里斯对多模态话语进行了分析,建立了分析模式。诺里斯认为,社会交互是以多模态为基础的,在一定的背景下,每一种模态都会参与交互,只是参与的程度不同而已。诺里斯的分析模式由介入行为、模态密度、前景/背景延续体三部分组成。在分析多模态的介入行为时,先要确定介入行为是低层行为还是高层行为,如低层行为就是一个面部表情,高层行为就是拍了一段视频。组成高层行为的强度或复杂程度叫作模态密度。比如,教师上课时,口语教学使用的强度较高,那么口语模态就是高模态密度;而教师做实验的时候,说的话很少,则口语模态就是低模态密度。前景/背景延续体是交际者同时使用不同的高层行为,但是对这些高层行为的关注度不一样。诺里斯建立的话语分析模式分两步来完成:第一步,确定参与者构建高层行为时使用的是高模态密度还是低模态密度,特定参与者在前景/背景延续体层面上与高层行为有何种联系;第二步,确定所有参与者在延续体深度上与高层行为有何种联系。

(三)多模态话语认知过程的分析方法

福塞维尔认为,对多模态话语的分析需要自上而下的概念化的理论指导。多模态话语中,交际者如何选择不同的模态进行连贯的交际呢?要回答这个问题,就必须考虑人类所掌握的超越话语之上的内化了的模式,如心理表征、类典型和关联理论等。

在交际过程中,双方通过各种刺激手段达到调节对方认知环境的目的,这些刺激手段可以是语言的,也可以是非语言的。选用哪种刺激手段,取决于关联原则,无论选择什么样的刺激手段都会造成成本的消耗。关联的功能就是使成本、利润达到均衡。所以,在言语交际或非言语交际和多模态交际中都可以使用关联理论。在多模态话语交际中,在关联原则下,要通过两种或两种以上的交际模式来表达语气、感觉或想法。图像隐喻被福塞维尔创造性地提出,并逐步发展为多模态隐喻。实际上,福塞维尔是用认知理论,尤其是概念隐喻理论尝试解释多模态话语,只是较偏重模态隐喻的部分。

在认知领域,福塞维尔和她的同事关注的是人类如何通过多模态实现与网络新闻媒介的互动。他们研究网络新闻的多模态话语,包括读者如何理解不同模态之间的相互影响,如何获取信息,如何整合信息;不同交际模式之间的自然整合;多个行为流同时存在时,它们之间是重叠的还是依次序的;使用者与多模态界面的互动,使用者对不同媒体的评价和态度等。

三、多模态话语理论的实际应用

多模态话语理论从诞生以来,其理论研究便逐渐深入,理论的应用范围也越来越广。丹麦设计师约恩·乌松用多模态阐释建筑物,他解读了世界著名的表演艺术中心悉尼歌剧院的结构和设计意义。克雷斯和莱文用多模态解读图片。韦琴红采用多模态话语分析理论,分析了一则多模态语篇,阐述了语言符号与其他社会符号共同进行意义构建的过程。在社会科学领域也存在多模态的应用,如音乐与声音、运动与手势、电影语篇、三维空间、数学符号、广告研究和计算机科学等。此外,多模态也应用于词汇教学和英语听力教学中,但目前对英语写作教学的应用研究仍然不足。

(一)认知与信息处理

认知是对信息的整合过程,包括对信息的整理、信息输入、信息产出和信息改编。对篇章信息的认可,可根据篇章自身包含的树状信息加以整合,如对篇章的命题、信息的发展方向、信息的分类、信息的缺少、信息的重合等。非篇章信息则可以转换为篇章信息,通过描述语言的方式进行。对非篇章信息进行整理和识别,对信息内容的感知和识别都是多模态的。若信息内容不同,采取的模态形式应不同,认知结果也不尽相同。例如,针对篇章信息,读者需要依据自身不同的感觉模态进行外语五大能力的认知,即听、说、读、写、译的认知。非语篇信息则通过视觉、听觉等

第三章 基于多模态话语理论的大学英语教学模式

模态来感知,并通过触觉模态转换为篇章信息。各种领域的信息都可以归结为篇章或非篇章信息,并且通过听觉、视觉、触觉等多模态感知和识别。认知心理学、感知心理学和二语习得理论都涉及认知的概念。认知心理学"研究人如何认识和了解事物,如何组织和应用知识"(夏纪梅)。感知心理学"试图发现人的感觉系统(如视觉和听觉系统)如何发挥作用,研究人如何感知事物"。约翰逊指出,"认知风格指人的思维方式。梅西克称之为'信息处理的习惯模式'"。王立非等认为,"第二语言认知理论关注的焦点是学生个体,把大脑视为信息的加工者,而不是把它当作装有语言信息的容器,因此,学生在学习过程中需要自己建构知识"。

认知语言学家针对篇章认知过程的分析展开了大量的研究,成果丰硕。语言学者提出了许多概念和多种模式,如脚本、框架和图示等。除此之外,以篇章为层面的认知分析也展开了一系列的研究,提出了重要的模型,如篇章的宏观框架。心理语言学则从知识的角度探究信息的构成。"陈述性知识是关于某个事物是事实的知识;程序性知识是关于怎样做某个事物的知识。""信息的重现是陈述性知识被激发的表现,而信息的转变则是程序性知识被激发的表现。"桂诗春对模态信息进行了分析,称其为"言语信息"和"视觉信息"。他认为,倘若语言信息和视觉信息都被保存在记忆中,那么它们在正常理解的进程中都是有意义的。

本书将信息分为篇章信息和非篇章信息两类。根据语言教学的相关要求,基于篇章信息和非篇章信息,依据陈述性知识和程序性知识的概念,再将其分为实体性信息和程序性信息两个分支。

笔者认为,认知是针对篇章信息和非篇章信息从多级别、多方面进行认知的过程,即输入、整理、存储、改编和产出。篇章信息和非篇章信息的联系密不可分,非篇章信息的处理不能脱离篇章信息,要依赖篇章信息进行思考、加工和表达。

(二)多模态认知方式

在互联网和多媒体的教学情境下,多模态是师生借助自身的视觉、听觉、触觉等多种感官实现对知识的获得、感知和表达的方式。多媒体教学情景涉及图片、动画、音频、视频、幻灯片等手段,利于人们采用多模态方式提供、获得和认知信息知识。针对学习方面,多模态学习和认知方式包括听觉学习、视觉学习和触觉学习三方面,触觉学习又可以分为体验学习和实践操作两种方式。

在具体教学中,采用多模态教学方式就意味着将课堂设想为多模态话语模式互相连接的符号系统,如听觉、视觉、触觉、音频、视频等符号相互交织。克雷斯指出,在一些交际场合,"语言不再是所有意义的载体",并强调从语言的层面解释篇章。事实上,若想真正地解释语言本身及对其的使用,篇章中的其他模态也应给予关注。正如胡壮麟和克雷斯对课堂中多模态信息传递的描述,任何一种模态信息都是用来表达意义的。而课堂上掌握这些意义本质的只有教师一个人,因为模态和模态所代表的意义有着深刻的社会根源和文化积淀。因此,要经常依据情境改变信息的传达和表述的方式,以适应不同交际者对信息表达的需求。

四、多模态话语在教学过程中的认知分析

在对信息的认识过程中,人们往往使用不同的模态对应不同类型的信息进行认知。语篇信息可以通过视、听、触等模态对信息进行认知,非语篇信息可以通过视觉、听觉、展示等模态进行认知,还可以用说、写等触觉模态转换为语篇信息。

(一)多模态教学的理念

外语学习实际上就是一种通过多模态方式传递信息的过程。多模态教学是指教师在教学过程中利用多媒体技术,将信息通过口语表达、图像展示、身体动作等方式构建成有利于学生学习的意义表达方式,指导学生通过多模态方式进行知识的学习,从而共同实现教学目标。教师不再仅仅传授语言知识,也不是PPT的被动播放者,而是多模态的选择者、协同者、示范者,对学生要明确指导、多模态示范并设计情景任务。外语学习过程中,学生面对的是由各种模态组成的超文本语篇,在构建和解读超文本语篇的过程中,各模态之间应呈现一种和谐互动、优势互补、相互协调、相互促进的动态关联关系。

(二)多模态话语在教学中的应用

自21世纪以来,许多学者把多模态化研究的触角探及教育领域。多模态话语在教学中的应用成了一些国家近年来研究的热点。克雷斯和莱文是这方面的专家,对模态和媒体之间的关系深有研究,并且探讨了多种模态有规则地表达意义的现象,提出了多模态环境下多元读写能力的培养设计方案和应用原则。新伦敦小组则开辟了多模态应用于语言教学的先河。该小组认为,语言教学的主要任务是培养学生的多元识读能力。自此,关于语言教学和多模态的研究层出不穷。米克经过18天课堂教学观察,和教师、学生进行结构式的访谈,由此提出了课程设计方案。古奇和洛曼通过分析外语学生与多模态之间的关系,提出了用计算机辅助教学的具体方法和原则。

胡壮麟教授从符号学的角度对多模态话语进行了深入分析。朱永生教授从话语分析的角度对多模态话语进行了深入研究,并探讨了多模态对我国教学创新的启示。顾曰国区分了多媒体学习和多模态学习两个概念,根据认知心理学对多媒体、多模态学习总结了五个假设,并提出用角色建模语言来构建学习行为模型,最终实现知识的建构和学生的主体地位的确立。此外,关注多模态化这一社会符号学的最新研究领域的课题也有很多,如从多模态话语交际框架下讨论现代多媒体技术在外语教学中的作用、元认知策略与多模化在大学听力课堂的使用等。

我国对多模态话语的研究还处于初级阶段,对多模态话语教学与学生学习外语之间的关系仍需要进行深入的研究与探讨。只有不断地探讨与实践,才能推动多模态话语这一社会符号学的研究,用更加成熟的理论支持外语教学,从而取得更佳的教学成绩。

(三)多模态话语信息认知教学模式

大脑在学习过程中所起的作用和外部行为背后的意义构建是认知心理学所关注的。认知心理学强调,学习的过程是知识的构建与理解的过程,是构建意义的过程。学生通过与他人的交际来掌握知识。"构建意义"并不是让学生空想出

一个意义,而是让学生在与他人交际的过程中,构建自己所理解的意义。这个过程分为以下三个部分:

第一,在交际过程中,通过视觉、听觉、触觉等多模态方式获取信息。

第二,大脑通过交际过程获取信息,进行意义构建。大脑需要视、听、触、嗅和味五个模态进行内部与外部信息的互动。这五个模态有各自的子模态。模态的感受器有的是外感受器,负责处理与外部互动时进来的信息;有的是内感受器,负责接收和处理来自身体内部的信息。

第三,学生通过学习效果的外部行为表现获取实践能力。顾曰国提出,学生的实践能力有听、说、读、写、译及体态等。国外的学者提出了一些认知学习理论,如佩维提出了双重编码理论,威廷提出了生成学习理论,斯威勒提出了认知负荷理论,麦尔提出了多媒体学习理论,阿特金森提出了协同互动理论。这些理论的提出能够使学生更加深入地理解知识,使教师在选择各种模态时具有理论依据。

多模态信息认知教学模式是三位一体的教与学模式,由信息、认知和多模态三者构成,是一个多模态语篇的设计者(教师)和学生(学生)互动的过程,其指导理论是认知学习理论。进入21世纪,大学英语课堂由教师、黑板、电脑、投影仪等组成,学生的学习过程是与上述多模态进行和谐互动、构建意义的过程。教师是这个过程的设计者、组织者和信息的传播者。具体来说,本教学模式以多媒体课堂为教学环境,以多模态为教学手段,以信息为教学内容,以认知能力发展为教学目标。换言之,多模态是教学过程中教与学的方法,信息(主要指语篇信息与非语篇信息)是教与学的内容,学生认知能力发展是教与学的目标。

信息是学习内容,是核心,位于上层;认知是对信息的处理和加工,位于信息的下层。这意味着有信息就需要认知处理,认知能力的发展是目标。信息的处理和认知方式是多模态的。需要注意的是,学生与教师的位置可以互换,学生在某些时候可以替代教师的角色。根据该模式,教师应多模态地教,学生应多模态地学,师生合作进行多模态评估,这种教学理念是多模态信息认知教学模式所独有的。该模式的教学目标是培养学生的信息敏感度,提升学生的认知能力。

多模态信息认知教学模式对教师提出了新的教学要求,要求教师教学从教材权威型、知识获取型转向技能训练型、经历体验和资源发展型(认知发展)。

(四)教学活动中符合对象认知规律的教学原则

1. 明确指导

在大学英语课堂中,教师要引导学生发现各种符号的内在意义,让学生用多模态方式进行学习。比如,在读写练习中,除了要关注文字外,还要注意排版、颜色、图文搭配和布局,这些在意义构建中都有重要作用;要注意副语言的语调、语气、语速、音高等,它们在传递意义、保持学生注意力和表达特殊含义或情感等方面有重要作用。

2. 多模态示范

在多模态教学中,教师使用多种模态进行意义构建,辅助语言教学,有两方面的意义:一是可以让学生学习教师的多元识读能力和利用多模态进行交际的能力;二是用多种模态进行师生交际,可以吸引学生的注意力,提高学生的学习积极性。

教师先要选择合适的模态构建意义,使之更容易被学生理解和记忆。另外,更重要的是教师对多模态的协同。协调的多模态在意义构建中相互补充,优化教学效果;不协调的多模态对意义建构具有消极甚至抵消作用。例如,多媒体课堂中教师的言语与屏幕图像,二者若内容同步,则可以共同构建意义,调动学生的视觉与听觉同时进行意义解读,从而加强理解和记忆;二者若内容不同步,则会互相干扰,分散学生的注意力。

3. 设计情景任务

教师应设计情景任务,给学生运用多模态符号完成任务的机会,从而切实提高学生的多模态交际能力。任务形式可以以课堂报告、演讲或表演等方式呈现,也可以是课后以网络平台为基础的视频理解、师生互动或学生间协作等。

4. 多模态环境下的多元互动

传统的英语课堂中缺乏师生之间的互动,显得枯燥乏味。进入 21 世纪,随着网络技术的发展,课堂上师生互动不再困难,英语课开始变得生动、有趣。多模态教学模式的特点就是多元互动。互动关系可以分为两种:一种是主体间互动,包括师生互动和生生互动;另一种是学生和多媒体之间的互动。不管是哪一种互动,都是以学生为主的。

(1)主体间互动。主体间互动包括师生互动和生生互动,课堂学习中,教师通过多模态的选择与展示和学生互动。言语交际时,教师的语调、语气、面部表情、肢体动作等也都传递着重要信息,可能是对学生的鼓励、赞扬、警告或批评。图片或视频等的运用可以使课堂变得轻松、有趣,从而使学生更加活跃。在制作课件时,教师可以设计一些交流互动式的问题,调动学生讨论或参与的积极性,从而实现生生互动。

在学习和意义表达过程中,学生学习利用多模态符号构建意义,并在课堂上呈现和交流,实现与教师和同学的互动。另外,网络平台中一对一或一对多的师生交流、学生间互动和协作可以激发学生的交际欲望,为多模态交际能力的锻炼创造机会。

(2)主客间互动。主客间互动主要指学生与多媒体的互动,包括文本、图像、音乐、视频等。在主客间互动过程中,学生要注意到各符号系统在当前话语意义构建中的作用,并充分调动手、眼、耳、脑等,获取信息,解读意义。在与文本的互动过程中,学生要仔细观察并解读文字、字体、排版、图文布局等传递的意义,从而提高多元识读能力。另外,学生通过与视频的互动可以沉浸在另一种虚拟的环境中,体验不同文化、不同场合的交际情景,从而增强多模态交际能力。

主客间互动的一个重要方面是基于网络的人机互动。网络给学生提供了丰富的多媒体、多模态学习资源,学生可以自己操控机器,掌控学习进度,并按照自己的兴趣、爱好、学习需求等进行自主学习。

第三章 基于多模态话语理论的大学英语教学模式

(五)多模态话语在教学认知中的意义

随着现代技术和多媒体的发展,视觉文化和视觉交际手段开始影响教育教学,语言和技术变得密不可分,多模态化语篇成为现代课堂教学的显著特点之一。外语教学的传统目标在多模态教学模式下被拓展为培养学生的多元识读能力和多模态交际能力。师生交际诉诸多种感官,利用多种符号系统(文本、言语、图像、音频、表情及动作等)进行意义构建和解读。课堂是多模态话语相互交织的符号空间,而语言不再是所有意义的载体。我国印发了《大学英语课程教学要求》,在教学模式一栏中提出了"各高等学校应充分利用现代信息技术,采用基于计算机和课堂的英语教学模式,改进以教师讲授为主的单一教学模式。新的教学模式应以现代信息技术,特别是网络技术为支撑,使英语的教与学可以在一定程度上不受时间和地点的限制,朝着个性化和自主学习的方向发展。新的教学模式应体现英语教学的实用性、知识性和趣味性相结合的原则,有利于调动教师和学生的积极性,尤其要体现学生在教学过程中的主体地位和教师在教学过程中的主导作用。在充分利用现代信息技术的同时,要合理继承传统教学模式中的优秀部分,发挥传统课堂教学的优势"。多模态教学对各种意义资源充分、合理地利用,可以最大限度地发挥多媒体和网络环境的优势。

多模态话语教学符合信息时代的发展趋势,师生使用多种符号的形式进行交流,更能提高学生的多元识读能力。从这个意义上讲,多模态教学模式不仅改变了教学方式,还提高了教学效率。英语教学的目标是培养学生的多元识读能力和多模态交际能力,而这个目标必须是以多模态话语分析理论为基础的。英语教师要通过明确指导、多模态示范和设计情景任务等,引导学生进行多元识读和多模态交际,最大限度地发挥学生的主体意识,实现课堂互动,从而提高学生的综合能力。教师在课堂上可利用多媒体技术,将文字与图像、声音、视频等相结合,通过听觉和视觉模态,调动学生学习的积极性。例如,教师上课应充分应用 PPT 课件、音频、视频、图片资料,利用校园局域网和网络教学平台等与学生互动。多模态教学是一种新型教学模式,它打破了传统教学模式以教师讲授为主的单一线性模式,主张利用多种教学手段调动学生的多种感官,是一种立体化的教学方法。因此,多模态教学模式符合教学的要求,是超文本思想的集中体现。随着科学技术的不断发展和创新,先进的科学手段和信息技术应用到了社会多个领域,教育领域也不例外。为了更好地开展高校素质教育,现在绝大多数高校已建立了多媒体教室、语音教室等教学场所,大部分普通教室也配备了计算机、投影仪等多媒体教学设备,有的高校还建立了校园局域网及数据库,甚至开通了网络在线学习平台,这些都为多模态教学提供了充足的物质基础和有力的技术支持。

在英语教学中,利用多模态教学模式进行教学具有积极的意义。多模态话语理论和多模态教学法等最新理论和研究成果立足于课堂教学,构建了"多模态信息认知"的教学方式。该教学方式的特色是教师多模态地教学,学生多模态地学习,师生多模态地综合评估教与学的理念。多模态教学指教师(在某些教学环节中也可指学生)在多媒体环境下,充分调用多模态获取、传递和接收信息。教师可采用视频、电影剪辑、录音、图画、图表、实物等方式传递信息,充分开展教学活动。教师根据课程具体内容清晰地搭配使用各种模态,准确掌握语篇信息与非语篇信息的合理比例和关系。多模态学习指学生(也可指教师)运用多模态观察、分析、表述各类信息的认知能力。教师引导学生多模态地获取、加工各类语篇信息并在课堂上呈现和交流,引导学生敏锐地捕捉课堂上教师和同学所提供的各类与语篇信息相关的非语篇信息,将非语篇信息转换为语篇信息,达到课堂的高度互动。多模态综合评估指教师和学生采用多模态评价模式进行互评和自评,每节课后收集、整理评价结果,作为动态评价师生表现的重要根据。要加大对教师和学生运用、辨识、处理多模态信息的能力的评价比例。每学期各项动态测评成绩按一定比例计算,计入学生总评成绩。

传统意义上的大学英语课堂是教师的"一言堂",基本的教具是课本、黑板和粉笔。单模态的弊端:教学模态单一,课堂缺少互动,乏味无趣。多模态教学的优点:以主模态——语言模态为基础进行意义构建,以其他模态为辅助手段,共同进行意义构建,使主模态产生最佳的效果。多模态教学方式的目的是最大限度地优化教学过程,更好地完成教学目标,使多模态充分服务于大学英语教学。

五、多模态的运用

语言研究者不但要研究单个模态符号对意义构建所做出的贡献,还要研究多个模态符号相互协同的作用。我们必须意识到,多模态手段应用于教学过程为课堂教学模式构建了前所未有的多元化教学体系,但运用的模态数量与所取得的教学效果并非呈正相关关系。不同的课程内容加上不同的课时,会产生不同的教学目标。在这种情况下,教师应该选择合适的教学模式进行教学,即使是同样的课程,在面对不同学习水平的学生时,也应该选择与之相适应的教学模态。在使用多模态方式进行教学时,教师要处理好每一种模态之间的关系,否则会产生负面效果,影响学生的注意力,干扰学生强化和记忆语言知识点。

因此,教师在外语教学的过程中至少要考虑到三个方面:首先,教师要考虑课程内容、课程难度和课程进程。其次,教师应考虑到自己的性格特点、特长爱好与学生的知识层面和技能结构及两者的关联问题。最后,教师应结合学校的硬件环境和教学设施等因素。例如,以获得知识为目标的教学,应主要利用讲解、阐述等方法;以实践能力训练为目的的教学,应侧重技能训练等。

张德禄认为,模态选择的总体思路是充分运用现代科学技术等多媒体手段,最大限度地表达话语意义,以获得最佳效用。

(一)选择多模态时的四点原则

针对多模态的选择,要考虑如下方面:

▶▶ 1. 强化关系原则

主要运用一种模态,其他次要模态对主要模态起加强作用。例如,在讲解雾霾天气对人类的危害时,有这样的一个句子:"Haze is bound up with the lung cancer."教师在使用语言模态解释这个句子的同时,要利用幻灯片对雾霾天气的实景图片进行展示,在朗读和解释句子的同时搭配文字说明或图片,对语言起到加强效果的作用,并有助于学生对句子的理解和记忆。

2. 协调关系原则

一个完整概念的表达是多种模态相互联合和交互运用的结果。这并非意味着各种模态之间可以随意地组合,因为各种模态之间并不都是相互融洽的关系,有时还会产生冲突。比如,学生正在聚精会神地阅读某篇课文,如果配以音频或动画效果则会分散学生的注意力,这说明此时文字模态和音频模态是相互矛盾的。

3. 前景化和背景化原则

使用多模态时,必定有一个模态处于主要地位——前景中,其他次要模态则被背景化了。例如,在感受某种音乐节奏的时候,音乐的播放为主要模态,歌曲的作词和作曲的介绍则视为背景,起到配合作用。

4. 抽象和具体原则

当一种模态表达的是一些难以理解的晦涩的理论时,其他模态则提供实际的例子加以解释,使抽象化的理论呈现具体特征,这有利于学生对理论的理解和记忆。

(二)运用多模态的目的

有时使用一种模态无法将交际者的真实意思充分地表达出来,需要其他模态来辅助交际者进行表达,从而使话语的接收者能够理解语言意义的目的。例如,当英语教师在解释同音异形异义词 sweet 和 suite 时,仅通过口头表述或声音模态难以区分两个词的真正含义,这时需借助书写或文字模态,让学生直观、立体地感受到这个单词的发音、词形和词意。又如,同音词汇 paper 的三种含义分别为"纸""报纸"和"论文",教师在英语教学中可使用语言模式和文字模式进行教学,若学生仍不理解,再借助图形等模态。

英语教学的最终目标是使学生的认知能力获得发展。教师在教学过程中应该意识到不同的学生具有不同的学习风格和认知风格,以及在不同学生身上所体现的个性差异和不同的发展情况,其包含对篇章信息、非篇章信息的多方面、多角度的感知、认知和识别能力。上述能力的提高需要借助多媒体教学环境和多种模态的相互作用。

一般情况下,学习风格是个性化的感知和信息处理方式的结合,是学生对学习环境的认知和感知模式。不同背景和学习环境下的学生有着不同的认知风格。赖德将学习风格定义为:"个体学生吸收、处理、存储新信息与新技能的自然的、习惯的和偏爱的方式。"另外,他还对学习风格进行了分类,分为认知型、感知型和人格型三种类型。认知型学习风格又被划分为场独立型和场依存型两种方式。教师在教学过程中必须注意每个学生的个性特征和认知风格特征,并利用不同的模态及相互组合的作用,将其运用到教学的各个环节中,以提升和开发学生的认知潜能。

六、认知过程的分析

对信息内容的感知和识别是多模态的。信息类型的差异将决定选择模态的差异,从而形成认知差异。比如,语篇信息是使用听觉、视觉等模态进行听、说、读、写;非语篇信息则是依靠视觉、听觉等模态进行认知,并通过说、写等触觉模态形式转换为语篇信息。

(一)学生主体认知的模式

教师设计和组织的教学内容是学生认知方面的重要组成部分。在教学过程中,学生是认知的主体,需要输入和整合教师所提供的如声音或文字模态的信息,其最终目的是使学生对这些信息内容加以理解、消化和吸收,而教师应该关注学生的认知程度和识记效果。从宏观角度来看,影响学生对信息整合的深度、认知效果的因素有多种,对以学生为主体的认知模式的分析,教师可以通过调整讲解信息的组织方式和传授方式及元注意能力的培养等方面提升自身的教学水平。

不同的心理学家和语言学家对人类认知过程的分析呈现出明显的差异。笔者依据不同的模式特点总结出其共性,并设计出了学生主体认知模型。学生是认知的主体,是一个可以进行信息加工、整合的系统,通过输入、整合、加工、输出信息。

学生主体认知模式的核心内容是"注意"。"注意"的局限性会影响整个认知进程中的信息整合过程。换句话说,学生能够在某一个时间段内注意到的信息内容是有局限性的。这种局限性会引发两个问题:第一,教师在进行教学设计时要考虑到学生在课堂教学中是否能够充分吸收教学内容,教学内容是否简单易懂。第二,外部环境的刺激物较多,认知活动较复杂,学生应该关注信息的内容和认知的方式是否适合自己,以及应该怎样高效地进行认知。第一个问题是教师所讲授课程的内容组织情况与学生认知的关联,第二个问题是学生在信息接收、加工的过程中应该关注的"元注意"问题,其对认知效果起间接的作用。因此,如何组织信息、传递信息是教师首要考虑的问题,帮助学生提高理解能力和保持好注意力是教师在教学过程中应该注重的方面。

(二)教学类型中的信息组织方式

根据上文对学生主体认知模式的分析,教师在课堂上输出的信息应该与学生输入大脑中的信息在理论上是吻合的。教师应将注意力锁定在如何有效地组织讲课内容及如何挑选合理的授课方式上,使这些精心提炼出的信息内容最大限度地被学生消化和吸收。依据心理学的观点,要对学生的认知过程做简单的分析。心理学对认知的研究是指人们如何对刺激物进行定义和描述。

通常情况下,学生有两条信息加工的途径:第一,学生对事物的认知是由点到面再到整体的,是基于数字信息进行制动的加工模式;第二,用学生自己原有的信息或知识对当前接收的信息进行加工,这是对概念信息的再加工模式。在实际学习过程中,上述两条途径都是常见的。学生自身的知识结构、能力水平存在一定程度的差异,这使学生加工信息的深化程度和最终所取得的信息加工成效出现一定程度上的区别。作为认知和信息的发布者和传递者,教师应在承认和尊重这些差异性的前提下,尽可能地将所要讲授的内容合理加工成容易被理解的信息,同时注意因材施教。笔者认为,教师只有在教学过程中把握以下三点,才能将传递的信息有效组合。

▶▶ 1. 充分精练、演示认知对象的特点

认知对象可以指某些学生认为较难消化的知识点,如某个计算系统、某位专家的观点或某个数学定理等。该原则以强化知识点为主,如遇到一个既难理解又容易出错的计算系统时,我们应该重点把握系统的特点,理解系统输入和产出的关系,而不是从系统理论的讲解入手。这就是所谓的先来后到,而且针对特征的深化认知也有利于学习整体化的构建。

▶▶ 2. 已传递的知识点能够为新知识点的介入奠定基础

这种表现模式主要体现在将旧知识中的某些条件更换或某种形式变更这两种情况上。旧知识点和新知识点之间或是一种补充关系,或是在此基础上的提升。例如,在讲授英语教学法的时候,应该突出强调一种教学法是在吸取了上一种教学法的基础上,经过改良而得出的。

▶▶ 3. 最大限度地体现知识点之间的关联

事物之间的关联性是客观存在的、不可改变的,落实到学习中的知识点也是这样的。因为学生对知识点的学习是建立在自身已有的知识点之上的,它们之间有一定的关联性,所以对于学生知识层次的构建、知识的转移和创新技能的提升有着重要的现实意义。

笔者起初在按照教学大纲的顺序讲授《大学英语》课程的时候,学生普遍反映每天背诵单词和语法,难以进行有效记忆,感到非常困惑。经过一番深入的思考后,笔者与学生进行了一次面对面的沟通,认为授课内容和授课方式需改进,才能使晦涩难懂的知识点简单化和条理化。最后,笔者对大纲的授课内容进行了整理、突出和阐述。这样,学生大脑中旧的信息点可以再度被激活,同时学习了大纲要求的新知识点。

此外,学生将已吸收的信息在大脑中进行编码、加工、整理,最后转入识记阶

段。实际上,不论短时记忆还是长时记忆,都是经过学生的编码、加工、整理才能储存到大脑中的。需要注意的是,作为认知的主体,学生在对信息进行加工的过程中存在个体差异性,即不同的学生对同一教师传授的相同知识点的信息加工效果差异显著,同时他们的编码过程是不同的,所以学生的学习效果呈现出明显的差异性。这也是教师在授课过程中需要考虑的一个方面。

(三)激发学生的"元注意"能力

信息组织方式的不同会导致教学效果的不同。合理的信息和知识点会在很大程度上被学生接受。同时,针对课上讲授内容的组织优化过程是无止境的。所谓注意,指的是学生对认知或心理状态的活动的努力方向;所谓元注意,是指认知主体对注意力的注意。从实践的角度来看,元注意力是教学实践最底层的。注意是心理活动对一定对象的指向和集中,是伴随着感知觉、记忆、思维、想象等心理过程的一种共同的心理特征。注意的有限性取决于认知材料的质和量,取决于可以执行的信息任务的类别及各类信息任务之间的差异度和协同性。换句话说,学生的认知注意在某段时间内加工和整理的信息是有限的。因此,激发学生有意识地注意自己的注意力和有意识地限制和控制自己的注意力是非常必要的,其中涉及注意力的选择、注意力的监控、注意力的调配及使注意力变得自动化。下面从教师的角度列举了四种培养学生"元注意"能力的策略。

1. 展示学科内部的趣味性和价值所在

在心理学中,认知的动机与结果之间有直接的关系,这是已经被证实的事实。评价教育是否成功,取决于能否激发学生的内部动机。然而,做到这一点并非易事。社会的每个层面对于学生的学习情况都给予了很多物质层面的利益要求,目的是激发学生的内在学习潜能,但是效果往往差强人意。笔者认为,物质鼓励固然重要,但是学生对所学知识点的趣味性和价值观的认同更为重要。某些课程的教学目的、任务目标和授课意义都在教案中给予了详尽描述,但是这样的描述往往都是非具体且晦涩难懂的。因此,学生很难对此有兴趣,难以激发元

第三章　基于多模态话语理论的大学英语教学模式

注意能力,更不能转化为学习动机和潜力。可见,每位教师都应该对学科的趣味性和价值进行深入探究。有心理学家指出,成功的经验和成功的喜悦有利于兴趣的培养。从实际教学来看,课堂上发言积极、讨论激烈的那些学生都有较浓厚的学习兴趣,学习渐渐地变成一种积极和主动的探究过程,因为自信是建立在成功的基础上的,由于这些学生已经感受到了成功运用知识的喜悦感,而这种喜悦感让他们体会到了这些知识对他们是有益的,进而激发了他们的学习热情。因此,在教学实践中,教师应该设法提供给学生一些成功的案例和较好的实践体会,让学生感受课程的知识结构带来的成就感,从而探究和了解课程的价值。

2. 适时地进行心理干涉

学生的学习过程并不是一帆风顺的,会经常遭遇困难和挫败。攻克了这些困难的学生可以显著地提升学习成绩;而不能克服这些困难的学生在学习中容易产生压力,随即堆积焦虑情绪,进而厌烦学习,这时学生的注意力就难以集中。因此,适时地对这些学生进行心理干涉是十分必要的。首先,要让对学习产生疑惑的学生了解学习的内在规律,正确面对学习过程中的"高潮"和"低潮"期,意识到挫败正是下一个"高潮"期来临的暗示;其次,教师应该在适当的时候向学生答疑解惑,启发学生依据自身的思维方式解决困难。心理学家指出,适当的焦虑并不仅是一种不良的情绪,有时还会成为一种学习动力。伴随着焦虑情绪而产生的紧迫感能够使学生的注意力达到集中状态,而且思维灵活、行为稳定。因此,适当地激起学生的焦虑感是一种有效的教学方法。有一些教学方法,如"激将法""刨根问底法"就是建立在这样的心理学基础上的。

3. 巧妙运用"设疑—解疑"的讲授方式

在授课过程中,无论从提升学生的注意力还是以信息内容进行深层次加工来看,在恰当的时间和地点提出一些应景的问题都是一种常见和有效的教学方式,这也是教师采用比较多的一种授课方式。应该强调的是,提出疑问的方法和时机是值得思考的。经常性的提问容易使学生产生厌烦和懈怠情绪,而对疑惑的不充分解释会让学生更加疑惑,不能达到较好的学习效果,同时学生的注意力会被分散。此外,提出疑问的人不能仅局限于讲授者,应该鼓励学生向自己提问且自己找到答案,最后由教师给予充分的诠释。

4. 显露认知过程,建构认知结构

学习过程强调的是"过程",而不是"结果",因为学习的过程是学生对知识探求的一个过程。科学知识都具有一定的认知规律和内在的认知过程。若学生通过知识的获取过程而对某些认知规则进行深入地识记、加工和利用,那么学生的注意力则会高度集中,对某些学科的感知程度、信息的加工程度也会比较深刻。在教学实践中,教师要充分地显露认知过程并积极地构建认知结构,使学生在大脑中形成对比、链接的关系。通过这种认知活动,学生自身所储备的信息和资源将会得到高效利用。此外,还可以通过建构学生的知识结构来完善教学过程。

布鲁纳指出,任何一门学科的内部知识都是以一种结构化的模式存在的,知识结构具备理性发展的潜能,有意义的学习模式就是把新接触的知识与头脑中的元知识相联系,并将新的知识结构融入学生原来的认知结构模式中。以上提出的对学生头脑中的认知结构的显露能将书本上的知识归类说明,但其重要的目的是把课本上认知结构严谨的知识化为学生头脑中的认知结构,以利于学生明晰地掌握知识的体系、模式和结构。此外,学生通过对知识结构的研究能够使自己站在一个较高的层次掌握知识体系,对知识掌握较为轻松,所以更有利于知识体系在不同的学科之间进行交叉、运用和对比。以上所述能够拓展学生的思维,利于培养他们开创性思维能力。

第三节 认知理论与多模态英语教学的整合与同构

认知外语教学法的理论基础主要来自美国语言学家乔姆斯基的转换生成语法理论和认知派的学习理论。其中,认知学习理论主要指布鲁纳的学科结构、发现学习及奥苏贝尔的有意义学习等理论。

第三章 基于多模态话语理论的大学英语教学模式

一、认知理论

(一)认知外语教学法及其产生背景

心理学家卡鲁尔撰写出版了《语法翻译法的现代形式》,文中首次提出了认知法教学,但对认知教学的广泛研究开展于20世纪60年代中叶。

认知外语教学法就是"关于在外语教学中发挥学生智力作用,重视对语言规则的理解,着眼于培养实际而又全面地运用语言能力的一种外语教学法体系",重视语言规则的理解和创造性运用,重视听、说、读、写技能的全面发展。

(二)认知外语教学法的学习理论基础

1. 学习的实质

认知学习理论认为,学习的基础是学生心理结构的形成或改组,学习的实质是学习内容的内在结构与学生原有的知识结构相互作用的过程。除此之外,该理论还认为学生的认知能力将会对语言学习产生重要的影响,它要求学生不能对所接收的知识进行机械记忆和被动接受,而要对所学的知识进行归纳、理解和概括。总的来说,认知学习理论主张外语是语言习得者"通过认知技能,对语言素材进行分类、分析、归纳、推理而习得的"。

如此看来,语言学习有赖于语言学生认知能力的不断提高,认知法教学要求教师在教学过程中综合考量学生的生理、心理因素及其发展特点。教师对学生当前的认知结构要做到心中有数,明确学生需要构建的知识框架,并根据当前的条件客观、合理地进行教学设计和课程安排。

2. 获得、转化与评价

布鲁纳提出学习包含三个几乎同时发生的过程:新知识的获得、知识的转化与评价。

在学习知识的过程中,学生先要对获得的知识进行加工和整理,将其转变成自己容易接受的知识,这些新知识可能与原有的知识相冲突,但是学生可以通过自身的调整使新旧知识相融合,最终形成自身知识体系的一部分。掌握了这些知识以后,学生应把这些死的知识转变为活的知识,将其应用到实践当中,在实践中进一步检验、巩固、内化自己所学到的知识,使这些新的知识真正转变为自身的能力。同时,在检验的过程中,还可以对所学知识进行检验,判定其是否正确和有价值。

认知外语教学同样可以分为三个阶段:语言的理解、语言能力的培养和语言的运用。这就要求教师首先筛选合适的语言知识,然后把它们编辑成易懂的方式供学生理解。其次,在传授完这些知识后,教师还要通过一些教学手段将这些知识内化到学生的大脑中,使其成为学生知识结构的一个组成部分。最后,教师要设计一些实践活动,使学生灵活应用过程语言知识,达到熟练的程度。同时,学生也可以多参加一些社会实践活动,如笔译、口译等活动,在语言学习实践过程中提高自身的语言能力。

3. 学科知识结构

"任何学科知识都是一种结构性的存在,知识结构本身具有理智发展的效力。"这是布鲁纳提出的观点。他认为学习的重点就是要学习这个知识体系的基本结构,只有掌握了该学科的基本结构,学生才能从根本上掌握这些知识。因此,教师在授课的过程中应当注意把基本概念和基本原理贯穿教案当中,依照科学的结构来安排教学步骤,这种方式符合学生的认知过程,能够提升学生的记忆能力,提高教学效率,促进学生的学习。

在以往的教学中,经常出现违背学科知识结构的情况。比如,在英语学习中,很多教师主张让学生先学习真实的语言材料,从整体上对要学的知识进行把握,然后从基础(如语音、语法)进行详细的讲解。这样的授课方式显然是错误的,因为学生如果没有一定的语言基础,他就无法对所学知识有一个全面的理解,很容易对语言知识失去兴趣。正确的做法是,教师对语言内部最基本的语言规则等知识进行讲解,通过有限的语言规则扩充出无限的句子和语篇,这样才符合语言学习的自然规律。

4. 发现学习理论

行为主义认为,"刺激—反应"式的机械学习对学生消化和吸收知识是无益的,也不利于学生应用所学的知识。所以,在教学过程中,教师不能简单地将知识灌输给学生,应当设法创造合适的教学环境,引导学生发现应学到的知识,这样的教学才会使学生对所学内容印象深刻,提高学生的学习效率。

发现学习理论和传统的听说教学是截然不同的。在传统的听说教学过程中,教师在课前将知识整理好,在课上按照自己的教学步骤进行教学,学生需要做的就是按照教师安排好的教学步骤,机械地、毫无创造性地学习教师已经准备好的知识。在这个过程中,学生的心理结构和认知能力完全被忽视,个体差异性在教学过程中完全没有被体现。发现学习理论则与此不同,它充分重视个体的差异性,懂得每个学生的认知能力和心理结构都是不同的,所以教师在授课中并不为学生提供现成的学习资料,而是让学生充分发挥自己的主观能动性,主动发现语音、语法等规律。

5. 有意义的学习

奥苏贝尔认为,有意义的学习是指"将符号所代表的新知识与学生认知结构中已有的适当观念建立非人为的和实质的联系"。与有意义学习相反,机械学习是指学生采用死记硬背的方式,没有充分理解符号所代表的知识,只记住某些无意义的词句或组合。

认知法是一种有意义的学习,主要体现在两个方面:第一,认知教学法是在充分了解学生的语言基础的前提下进行的教学。这就保证了教学资源的难度适中,既不会使学生因为难度太大而产生厌学心理,也不会因为难度太小而无法提高学生的语言能力。第二,认知法侧重实际语境的作用。学生们所学的语言知识一方面要有逻辑意义,另一方面要有实际意义。例如,"She like seating houses"与"Are you a dog"这两句话在语法上没有任何问题,但从实际的交际来看,这两句话就没有任何意义。所以,认知法要求学生在学习过程中必须理解和把握语言材料,只有在理解语言知识和规则的基础上,才能进行有意义的操练。

6. 以学生为中心

认知法要求教师以学生为中心。学生中心理论要求教师在教学中必须重视学生认知能力发展和身心发展的规律,把学生当作完整的"人"看。教师的作用不再是为学生准备好现成的知识向其灌输,而是要为学生创造学习的环境和机会,让学生发挥主观能动性进行自主学习。如果学生在学习中遇到任何困难,教师就去帮助其解决这些困难。

在传统教学过程中,教师是课堂上的权威,每堂课几乎是从头讲到尾,学生在课堂上没有说话的机会。而认知教学法则打破了这种授课模式,教师不再是课堂的中心,而是课堂的组织者,真正的核心是广大学生,他们在教师设计好的语境中灵活地运用语言,也不用再担心犯错误,因为这是语言学生在认知过程中不可避免的。在这样开放的教学环境下,学生没有了压力,可以更加大胆地练习,迅速地提升自身的外语水平。

(三)认知语言学理论在教学中的应用

每一种新的语言学理论都会对教学产生一定的影响,任何一种理论都可以为外语教学提供一个理论平台,并有可能为外语教学提供一种新的教学模式和教学方法。虽然认知语言学未能对教学产生革命性的影响,但是它对教学具有很大的价值。认知语言学是研究人的思维、想象、记忆、意志等心理活动是怎样对语言产生影响的,它的中心任务是研究人在习得和使用语言过程中的一些规律。学习的过程是人的思维过程,从这一点来讲,认知语言学中总结出的规律对外语教学具有重要的参考价值。同时,可以总结学生在外语教学条件下学习语

第三章 基于多模态话语理论的大学英语教学模式

言的心理认识过程及其活动规律,从而丰富认知语言学的理论体系。

▶▶ 1.图式理论在外语教学中的应用

理解的过程就是解码的过程和意义建构的过程。图示理论认为,语言分为语意图示和形式图示。其中,语意图示又可以分为多个小的图示,每个图示都可以被某些单词所激活。因此,在学习过程中,学生要调动大脑中的各个小图示,这有助于增强对新信息的理解。这一理论对外语教学有着极大的帮助。

首先,对于阅读教学来说,在理解一篇文章的时候,应先了解它所涉及的文化背景知识,这会对学生理解文章有很重要的作用。达雷尔的研究发现,学生对文章的背景知识了解得越多,对文章的形式结构预测得越准确,就越能够更好地理解所读的内容。同时,在处理具体的语篇时,学生也可以通过图示知识对文章进行预测和推理,如学生在阅读过程中可以依据自身的经验去理解自己没有读懂的部分,或者根据自身的知识去设计文章的发展。这样,既可以激发学生的阅读兴趣,又可以增强学生理解文章的能力。

其次,对于听力教学来说,图示理论也具有极大的作用。听力对于广大学生来说是外语学习中的难点。在听力的学习过程中,由于多种原因导致学生没能理解语篇。此时,如果学生能够借助图式知识,许多问题就会迎刃而解。因为对于一个听力语篇来讲,学生了解的图式知识越多,就越容易理解,就能更多地推测出没有听懂的地方。这对学生理解听力语篇,增强学生的外语自信心具有很大的帮助。

最后,图式理论对于语法的讲解也有很大的帮助。传统的语法教学就是让学生死记硬背一些语法的规则,这种机械式学习的效果往往不是很理想。通过图式理论的帮助,学生很容易对一些语法进行合理的解释,也可以免受死记硬背之苦。例如,语法教学中不定式和动名词的区分一直是一个难点,借助图式理论对其进行解释就很容易让学生理解。赵艳芳认为,"不定式表示某一情景是以个例为出发点被感知的,而动名词表示某一情景被当作一个完整的认知输入而不注重其个例。所以,不定式用于将要发生的具体事例,而动名词用于对事件一般的陈述或用于描述正在进行的动作和心理经历"。这一理论就可以理解所有不定式和动名词的区别。

▶▶ 2. 表征理论在外语教学中的应用

阅读理解是人类独有的一种认知活动,不仅包括对一个个句子的理解,更重要的是要将当前加工的信息与先前的背景信息相结合,以形成局部和整体都连贯的心理表征。

表层形式是对阅读文章结构最完整的体现,表层形式将词句连贯成篇,并使衔接性和连贯性得以显现。情境模型是表征最持久的水平,是一种心理表征,源于阅读文章所描述的如同读者所亲身经历的一种情境。如果在精读课堂教学中很好地利用情境模型理论组织教学,就能让学生更容易地理解和接受课文,并能培养学生丰富的想象力和创造力。

▶▶ 3. 语境理论在外语教学中的应用

语境,是指语言环境,具有广义和狭义之分。广义语境泛指一切语言环境,既包括狭义的上下文,又包括语言本身以外的语言环境;狭义语境是指上述的语内语境或词语语境,即人们常说的上下文。

语境对外语阅读教学有着重要的作用。语言的理解离不开语境,如果一些单词或句子离开了具体的语境,就不能准确地判断其含义,从而影响对整篇文章的理解。同时,在阅读过程中学生难免会遇到一些生词、难句。如果可以借助语境知识进行推理,有些难点就会迎刃而解,这都是语境带来的好处。

▶▶ 4. 推理理论在外语教学中的应用

在外语教学中,推理机制有着很强大的作用。例如,语法教学中需要学生具备举一反三的推理能力,阅读教学中需要学生进行逻辑推理,听力教学中离不开学生的理解和推理能力。可以说,推理理论贯穿外语教学的方方面面。

第三章　基于多模态话语理论的大学英语教学模式

▶ 5. 工作记忆理论在外语教学中的应用

目前,认知心理学把工作记忆解释为某种形式的信息的暂时存储并进行加工处理的过程。其将短时记忆分为如下功能:信息的暂时激活、信息的调控、信息加工容量的限制。需要着重强调的是,在外语教学过程中,工作记忆与语境、图式、表征、推理的作用是同时发挥的,一种作用的实现往往要借助其他几种作用的实施。

▶ 6. 隐喻理论在外语教学中的应用

认知语言学中还有一个重要的理论,即隐喻理论。在这里,隐喻不仅是一种修辞手法,更是一种认知方式。这种理论对外语教学有着极大的参考价值。

首先,在授课过程中,教师适当地运用一些隐喻,可以增强课堂的趣味性,这有利于营造一个适合学生学习的授课环境;其次,隐喻是某些单词一词多义的根源,它可以解释其产生的机制,这对学生掌握单词的不同义项具有极大的帮助;再次,在一些文学作品中,隐喻是一些语言晦涩难懂的根源,懂得了从隐喻的角度看待一些文学现象,有利于提高学生的文学鉴赏能力;最后,隐喻可以体现出不同民族之间思维方式上的差异,这也是语言文化差异的原因。

深层次地把握语言上的差距,掌握并运用不同的思维方式,对外语学习具有重要作用。

▶ 7. 相似性理论在外语教学中的应用

认知语言学认为,自然语言与认知现象处于一种可以相互印证的状态,各自可从对方的迹象中反映自身。因此,语言是对客观世界的临摹,语言的规律都能从客观世界中找到依据。

传统的外语教学受语言符号任意性的影响,认为语言和外在的世界没有任何联系,任何语言都是随意选择的结果。这种理念反映在外语教学中的教学方法上——由于语言和世界与人的思维没有任何联系,所有的语言符号、语言规则都是偶然性的产物,所以教师在授课过程中一味地强调死记硬背,严重地违背了人的认知规律,教学效果往往很差。相似性理论指导的外语教学强调语言符号、客观世界及人的认知中的同构性,通过发现人的认知、外界及语言的同构性来学习语言,这种方法能帮助人们了解语言的成因,语言不再是没有任何逻辑的存在,而是一个有意义、有逻辑的整体。这种学习方法与人类的认知规律相吻合,对学生学习效率的提高大有裨益,对外语学习具有重要的意义。

二、多媒体外语教学模式

改革开放以来,英语教学在我国取得了长足的进步,为我国培养出了许多优秀的外语人才。然而,随着社会的进步和发展,以往的大学英语教学模式已越来越满足不了当前社会对人才培养的需求,还存在着许多弊端,如学生普遍缺乏学习英语的兴趣,教师的教学方法比较单一等,严重阻碍了大学英语教学的发展。而多媒体技术的应用丰富了大学英语教学,解决了传统外语教学的弊端。

随着网络技术的发展,多媒体技术逐渐与网络技术相结合,一种更为高效的崭新的多媒体教学模式应运而生,并且在短短几年内实现了普及型的推广。这种新型的教学模式比传统模式更加具有优势,也在很大程度上为学生构建了更为优越的学习环境,大大提高了学生的学习效率。因此,多媒体教学在外语课堂中的应用是外语教学发展的必然结果,它能增加学生学习外语的兴趣,提高学生的学习效率。

(一)多媒体教学及其必然性

1. 多模态外语教学的概念

人类通过多种感官系统作用于外部环境,实现两者之间的互动与融合,这便是所谓的多模态。

多模态外语教学法是由外国学者施坦因提出的。施坦因指出,"多模态教学法突出了身体和大脑通过多模态、多感官协同参与交际的不可分割性。多模态

第三章 基于多模态话语理论的大学英语教学模式

教学法要求教师设计多模态任务,使学生在完成任务的过程中综合运用多模态"。

随着计算机技术的发展,多模态外语教学逐渐与计算机相结合,罗伊斯进一步研究了不同符号在多模态话语中的互补性及在第二语言课堂教学中多模态的协同性等,提出了一套多模态教学方法论,并将其应用在外语教学的听、说、读、写的各项技能上。

近年来,随着网络技术的发展,多模态外语教学的研究又有了新的内容。在这方面比较有代表性的学者是赖德。赖德指出,"在网络信息与多媒体教学的环境下,多模态是教师和学生利用各种感官来获取、认知和传递信息的手段和方式。多媒体教学环境由文字、图片、音频、视频、PPT、网络等工具集合而成,帮助人们利用多模态(如语言和姿态等)获取和感知信息与知识。对于学习而言,多模态认知和感知手段包括听觉学习、视觉学习和触觉学习,后者又分为体验学习和动手操作学习"。

2. 多媒体的特点

(1)融合性。多媒体可以将不同的符号信息融为一体,并实现这些符号信息之间的自由离散和结合。

(2)非线性和无结构性。多媒体符合人的思维的非线性化的信息系统,这种信息系统的结构组合是自由的、可变的。它是在超文本、超媒体软件支持下发展起来的。

(3)可编辑性。多媒体中的各种模态信息都可以通过各种计算机技术进行编辑,方便外语教师随时根据学生的具体情况对授课的内容进行更改。

3. 多媒体教学对外语教师的要求

(1)增加了教师的备课量。在传统的外语教学中,大部分的教学都集中在书本中,教师很容易就能掌握所有的授课内容,同时由于教学工具的限制,课堂上的重点和书本外引申的知识只能书写在黑板上,所以在课堂上传授给学生的知识是有限的。而在多媒体外语教学中,计算机课件整合了大量的视频、音频、文字、图画等信息,教师需要自己书写的内容很少,但传授的知识十分丰富。这就需要教师在课前做好充分的准备工作,将大量的知识在有限时间内传授给学生。

(2)将教材和课件有机地结合在一起。在多媒体教学中,外语教师是用自己课前精心制作的课件进行授课的。但有的外语教师只是简单地将书本上的内容原封不动地抄写到课件中,还有一部分教师完全摒弃了教材的内容,对教材进行无限扩展。这两种做法都不可取。前一种做法使多媒体教学失去了其本质意义,和传统的外语教学没有任何区别;后一种做法脱离了教学大纲,导致学生不能掌握基本的英语技能。正确的做法是,将教材和课件有机地结合在一起,既达到了教学大纲的要求,又丰富了授课材料,提升了外语学习的效率。

(3)提升教师自身素质。教师要不断地学习,不仅要掌握教学大纲中的语言知识和语言技能,也要学习书本以外的知识,满足多媒体环境下授课的需要。另外,除了专业课理论需要继续扩充外,教师还需要掌握一定的计算机知识,学习一些常用的课件制作软件,同时关注多媒体发展的最新成果,积极地将最新的成果应用到课件的制作中,使学生从最新的成果中获益。

(4)熟练运用网络技术。在多媒体教学中,外语教师必须熟练地运用网络技术。首先,在多媒体教学环境下,教师备课量加大,这些课本外的知识需要教师从网络中获取,如果教师的网络使用技术不过关,就会影响到课件的制作,导致课件缺乏深度和广度,不能达到预期的教学效果。其次,师生之间在课下通过网络进行交流是教学的一个重要环节,教师要教给学生通过网络与教师交流的方法,以弥补课上交流的不足。

(二)多媒体教学的基本教学模式

1. 讲授型

讲授型的多媒体外语教学最接近于传统的外语教学模式,即以教师的讲授、学生的接受为主。将其归为多媒体外语教学是因为它不是教师在传统教室对学生进行面对面的授课,而是通过计算机和互联网对学生进行授课。这种授课形式主要应用于远程教学的课程。它的优点是:远程教学可以扩大授课的范围,不限地域、不限时间,让学生自由灵活地学习;通过网络,学生可以方便地向教师提问,教师也可以根据学生不同的情况,对其进行个别辅导。同时,远程教学存在着一定的弊端:一方面,它缺少教室中授课的氛围和真实性;另一方面,和传统的教学类似,它也主要是以教师的讲授、学生的接受为主,忽视了学生在学习过程中的主体作用,影响到了学生的学习效果。

2. 探索型

探索型模式是多媒体教学中比较常用的一种教学方法。在授课之前,教师通常利用网络资源,通过多媒体技术事先设计出一套集声音、文字、图片、视频于一体的声文并茂的多媒体课件,这样的课件并不是单纯知识点的集合,而是教师精心设计的一个外语情境,这个情境通常是模拟一个语言场景,学生在这个场景中通过各种模态的帮助了解所要学习的知识,同时教师向学生分配一个具体的语言任务,学生通过所学到的和已掌握的语言知识发挥自己的主观能动性,完成此项任务。在完成任务的过程中,学生可以通过网络寻找自己需要的资源和解决问题的方法。这种外语学习方法的优点是:学生在学习过程中能够充分发挥主观能动性,不但可以更好地掌握语言知识,而且可以学会怎样自主学习,从而为今后的外语学习打下更加坚实的基础。

3. 协作型

协作型教学是由教师布置任务、多个学生共同完成的。协作型模式是指利用计算机网络及多媒体等相关技术,由多个学生针对同一学习内容彼此交流与合作,以实现对教学内容较为科学的理解和深度的掌握过程。其优点在于:首先,学生的语言认知是不同的,让学生分工合作,有利于学生发挥各自的优势,相互间取长补短,共同完成学习任务;其次,学生可以通过这种学习方式认识自己的不足,明确今后努力的方向;最后,学生可以在学习过程中认识到分享和团队合作的重要性,这对学生的人格塑造会产生积极的影响。

随着网络和多媒体技术的发展,多媒体教学已经广泛地应用于外语教学,并且与传统的外语教学有着巨大的差异,这就对外语教师提出了挑战。今天的外语教师不仅要提升自身的专业素养,还要精通网络技术和多媒体技术,并能够将其很好地与外语教学相结合,设计出优良的多媒体授课课件,更要熟悉多媒体教学方法,从之前的"填鸭式"教育向当今的"启发式"教育转变。

(三)运用多媒体技术的意义

1. 科学合理地利用多媒体技术,可以提高学习效率

学习效率和学习方法息息相关。学生对知识的记忆是其自身的心理过程和外部环境的刺激综合作用所形成的。传统的教学方法单一,对学生的刺激不强,学生的心理反应微弱,知识只能在学生的头脑中形成短时的记忆,学习效果并不是很好。与之相对应的是,多媒体教学能设计出生动的英语场景,通过各个模态对学生的感官产生刺激,并激活学生大脑,集中学生的注意力,加强学生的记忆。所以,相比传统的外语教学,多媒体教学更能提高学生的学习效率。

2. 有利于培养学生学习外语的兴趣

兴趣是学习的关键。在外语学习过程中,只有真正对外语产生兴趣,才会达到最佳的英语学习效果。在传统的英语教学中,教师是教学的中心,事先安排好了一切环节,学生在学习过程中缺乏自主性,只是被动地参与,加上传统英语教学形式单一,导致学生普遍感到学习过程比较枯燥,很容易失去学习的兴趣,很少有自主学习的动力和欲望。而多媒体网络技术可以将声音、文字、图片、视频等教学资源有效地结合在一起,让学生在丰富多彩、图文并茂的教学资源中自主高效地学习,提高学习效果。

3. 多媒体技术有利于外语文化教学

文化知识涉及的范围广泛,在传统课堂中教师的教具只有粉笔和黑板,因此

第三章 基于多模态话语理论的大学英语教学模式

许多视频、音频等丰富的文化资料难以展现,学生只能对教师传授的知识有一个抽象的印象,没有任何直观感受。在外语教学中,教师不仅要讲授语言知识和传授语言技能,更应该帮助学生了解国外的文化。在涉及文化内容的讲解时,多媒体教学更能发挥其独特的优势。在多媒体课堂上,国外的各种文化知识都可通过各种模态表达出来,学生可以生动直观地感受不同文化的内涵和魅力。

4. 多媒体技术有利于学生综合技能的发展,提高学生的综合素质

在语言学习过程中,信息的传输主要分为输入与输出两个部分。只有有效地输入,才能很好地作用于学生,使学生准确表达。在传统的外语教学过程中,输入的模态形式比较单一,信息输入的有效性较差,不利于学生听、说、读、写、译等各项技能的综合发展。而运用多媒体课件,可以解决这一问题。多媒体课件可以提供多种模态形式的输入,增强信息输入的有效性,使学生的英语技能得到综合发展,全面提升学生的学习效率。

第四章　互联网推动下翻转课堂教学模式的应用

翻转课堂在教学中创新地将课堂的中心转移到了师生互动、学生互相交流合作上，打破了传统教学的壁垒，给学生提供了更多自己理解知识、寻找最适合自己的学习方法的机会。同时，这也是改变授课方式与授课时间的一种新型教学模式。

第一节　英语翻转课堂的理论基础

一、翻转课堂的教育理论基础

（一）布卢姆的掌握学习理论

乔纳森·贝格曼和亚伦·萨姆斯表示，翻转课堂教学模式并非源自新的教育理论，其采用的仍然是我们所熟悉的掌握学习理论。

▶▶ 1. 布卢姆的掌握学习理论的基本含义

布卢姆的掌握学习理论的基本含义是给予学生足够的学习时间和个别帮助及注意教学的主要变量，学生就能够在掌握一个单元的学习之后顺利进入下一单元的学习，从而达到课程目标。正如布卢姆所说："只要提供适当的先前与现时的条件，几乎所有的人都能学会一个人在世界上所能学会的东西。"掌握学习，即在"所有学生都能学好"的思想指导下，以集体教学（班级授课制）为基础，辅之以经常、及时的反馈，为学生提供所需要的个别化帮助以及所需要的额外学习时间，从而使大多数学生达到课程目标所规定的掌握标准。

"提供了有利的学习条件时，大多数学生在学习能力、学习速度和进一步学习的动机方面变得非常相似"。布卢姆认为,大多数学生都能够进行掌握学习。"在整个掌握学习班上所发生的一切与传统模式有着本质的不同。80%～85%的学生在进行下一步学习之前,都已经达到了掌握的水平,这一比例也不会随着学习任务的增多而下降"。可见,只要给予学生足够的学习时间,在其学习遇到困难时给予个别化的指导,那么几乎所有的学生都能够掌握要学习的内容,完成学习任务,达到学习目标。

掌握学习要求学生能够按照自己的节奏学习课程。学生完成了一个单元的学习后,必须以80%～100%的掌握水平证明他们自己已经学会了该内容。证明学生是否已经掌握了学习内容的方法是"退出评估",包括实验室和书面测试。倘若学生在评估中得分低于85%,他们就需要返回再次学习自己理解有偏差的学习内容,并重新进行测试。这样,学生的学习情况是由他们已经掌握的学习内容的多少来决定的。按照布卢姆的看法,在教学中注意影响学习的主要变量,就能够使绝大多数学生掌握绝大部分的学习内容。

▶▶ 2.掌握学习理论的核心思想和重要变量

掌握学习理论的核心思想是让每个学生都有足够多的学习时间。

布卢姆认为,在掌握学习过程中,应该注意把握三个重要变量,即学生的认知准备状态(学生为了完成新的学习任务需要具备的知识和技能的水平)、情感准备状态(学生趋向学习的动机强度)、教学质量(教学适合学生的程度)。具体内容如下:首先,学生的认知准备状态方面,需要关注学生进行学习之前已具备的知识和技能水平的差异。其次,学生之前的经历和学生对学习结果的期望都会影响学习任务的完成情况。学生对学习任务所持有的情感状态会决定学生为完成此项学习任务付出的努力以及克服困难、面对挫折的勇气。学生完成某一学习任务的成败经验会在很大程度上影响学生之后完成类似学习任务的结果。因此,教师应该多给予学生积极的强化,如多鼓励和表扬学生,给予学生更多展示自我的机会等。最后,教学质量涵盖教师如何提供学习线索或指导、学生参与学习的程度和教师如何强化学生学习三个方面。

3. 掌握学习理论的教学要素和教学策略

教学包含线索、参与、强化、反馈四个基本要素。

第一，学习线索是指学生需要掌握什么内容和教师需要在学习过程中做哪些具体的指导。由于学生领悟学习线索的能力存在差异，因此教师应该针对不同的学生提供不同类型的线索呈现方式。

第二，学生结合教师提供的、针对学习线索的学习提示和学习内容，做出相应的反应或者训练。也就是说，学生需要积极参与学习活动中。

第三，强化的类型很多，如物质奖励或者精神鼓励等。实施强化的主体可以是教师，也可以是同伴，还可以是学生自己。强化的效果也存在差异。因此，教师在教学过程中可以视具体情况而采取不同的强化方式以达到较好的强化效果。

第四，教师能够适时根据学生的学习情况给予恰当的指导，给学生提供适合的学习线索，给予适当的练习机会，并及时做出强化和反馈。这样，学生就能够明了自己的学习任务，得到高效的训练强化，知晓自己学习的结果，整个学习过程始终处于一种可监控和可调节的张弛有度的状态。

掌握学习理论的教学策略分为三个步骤：说明学习需要的先决条件，制定实施的程序，评价这种策略所产生的结果。教师需要向学生清楚、详细地说明学习目标，以及如何确定已经达到掌握标准。布卢姆认为，不是制定相对标准来评价学生的学习情况，而是制定一个绝对的掌握标准，促使大多数学生经过努力之后都能够达到它，这样可以促进学生的自我发展和进步。

4. 翻转课堂视域下掌握英语学习理论的教育意义

首先，布卢姆的掌握学习理论有助于全体学生实现学习目标。掌握学习理论强调面向全体学生，不希望任何一个学生在学习过程中没有完成应完成的学习任务，突出了满足每个学生的学习需要。

其次，掌握学习理论关注学生的个别差异。在制定英语学习目标时，教师应充分考虑学生的个体差异,应为不同的学生选择不同的英语学习材料,并采用不同的教学方法,给予个别化的指导和帮助。

再次,掌握学习理论对学生的心理健康也有促进作用。在掌握学习过程中,英语教师对每个学生都持有积极的态度,相信每个学生都能够学好。教师对学生的学习能力充满信心,学生也因为教师的期望而获得自信,慢慢产生学习的动机,并通过学习逐渐获得成功。在整个学习过程中,学生对学习内容产生兴趣,享受学习的快乐,获得学习的成就感和幸福感,学生的自我观念也获得了更深层次的发展。

最后,掌握学习理论也主张学生之间的相互合作学习以及师生之间的交流。在掌握学习中,教师与学生之间的交流与讨论增多,师生情感加深;学生之间互帮互助,既培养了合作精神,又改善了生生关系。

(二)建构主义学习理论

1. 建构主义知识观

建构主义知识观认为,知识不是对现实的纯粹、客观的反映,而是人们对客观现实的一种解释、推测或者假设。知识不是关于问题的最终结论,它会随着人们认识的深入而出现新的解释或者假设。知识是基于某一具体情境而产生的,真正的知识是学生根据自身的生活经验和实践经历主动在头脑中积极建构的。知识所含有的意义是由个体赋予的。"知识在被个体接受之前,它对个体来说是毫无权威可言的,不能把知识作为预先决定了的东西教给学生,不能用科学家、教师、课本的权威来压服学生,学生对知识的'接受'只能依靠他自己的建构来完成。"因此,知识具有针对性、情境性、个体性、相对性、动态性、发展性等特点。

2. 建构主义学生观

建构主义学生观如下:第一,学生是发展中的人,学生具有很大的发展空间和潜能。第二,学生是独特的人,拥有自己的独特想法。第三,学生是独立的人,每个学生独立于教师的头脑之外,学习是学生自己的事情;学生是具有主体性的人,具有较强的自学能力。第四,学生是时代中的人,当前学生所处的时代是知识经济和信息化时代,教育理论应考虑学生的时代特征和发展新要求。学生不是被动地接受信息,而是主动地运用已有知识、经验对新知识、新信息的意义进行建构,这意味着学习是主动的,学生要主动地对外部信息进行选择和加工,教学应以学生为中心。

3. 建构主义学习观

建构主义学习观认为,学习不是由教师把知识简单地传授给学生,而是由学生自己建构知识的过程。学生不是简单、被动地接受信息,而是在教师的指导和帮助下自己主动地建构知识的意义。这种建构无法由他人代替,需要学生亲自完成。学习过程包含两个方面的建构:建构知识的意义和改组原有的经验。皮亚杰认为,儿童的发展是儿童主动建构知识意义的过程。建构主义者更加关心学生原有的认知结构,认为学习是学生在自己原有的知识、经验的基础上对新接触的材料重新认识,整合知识结构,主动建构自己独特的理解。实际上知识不是由他人"教会"而习得的,其本质上是学生在头脑中主动地形成自己对于知识的领会,建构属于自己的理解。

4. 建构主义教学观

在教学观上,建构主义者特别强调学习的主动性、社会性和情境性,同时十分重视合作学习。建构主义强调的合作学习与维果斯基强调的社会交往在儿童发展中具有重要作用的思想具有一致性。教学要关注学生原有的知识、经验,教学要重视学生对知识内容的个性化理解和独特思考。教学以学生为中心,强调学生的主体作用。建构主义者认为,教师是意义建构的帮助者和促进者,而不是知识的提供者和灌输者;学生是学习信息加工的主体,是意义建构的主动者。

5. 建构主义教学模式

建构主义学习理论提倡的学习是在教师指导下的、以学生为中心的学习。建构主义教学模式可以概括为"以学生为中心，在整个教学过程中由教师起组织者、指导者、帮助者和促进者的作用，利用问题情境、协作、会话等学习环境要素，充分发挥学生的主动性、积极性和首创精神，最终达到使学生有效地实现对当前所学知识的意义建构的目的"。建构主义学习环境包含情境、协作、会话和意义建构等四大要素。创设的情境必须有利于学生对所学知识意义的建构。协作贯穿学习活动的始终，包括师生之间、生生之间的相互合作和协助。对话是学习过程中的基本方式，师生或者生生之间需要通过对话来沟通思想。意义建构是学习要达到的最终目标。教师要为学生提供解决问题的原型，以促进学生顺利地解决问题，同时还应指导学生进行试探性的探索。教师要提供意义建构所需要的相关材料，同时给予学生自主建构的充分空间。在教学设计中，建构主义者主张向学生呈现整体性的学习任务，然而要想完成整体性学习任务，首先需要完成一系列的子任务。

6. 翻转课堂视域下的建构主义学习理论的教育意义

首先，在教育理念上具有一致性，强调学生的主动性和建构性。建构主义者在吸收维果斯基、加涅、皮亚杰、布鲁纳等的思想基础上提出了许多富有创见的教学思想，如强调学习过程中学生的主动性和建构性。

其次，强调小组合作学习和情境化学习的重要性。建构主义对于学习做了初级学习和高级学习的区分，批评传统教学中把初级学习的教学策略不合理地运用到高级学习中的做法，并提出合作学习、情境教学等，对深化当前的教育教学改革具有深远的意义。

最后，重视技术在教学中的实际应用。多媒体技术和网络通信技术可以作为建构主义学习环境下的理想认知工具，这样能有效地促进学生的认知发展。所以，随着多媒体计算机和Internet网络教育应用的飞速发展，建构主义学习理论正愈来愈显示出其强大的生命力，并在世界范围内日益扩大其影响。

(三)斯金纳的程序教学法

著名教育心理学家伯尔赫斯·弗雷德里克·斯金纳根据操作性条件反射和积极强化的理论,对教学进行了改革,设计了教学机器和程序教学法。斯金纳认为,学习过程是一种循序渐进的过程,在学生学习过程中,适时恰当地给予学生强化,会促进学生学习。

▶▶ 1. 程序教学法的基本含义

程序教学法是指依靠教学机器和程序教材呈现学习程序,包括问题的显示、学生的反映和将反映的正误情况反馈给学生等过程,是使学生进行个别学习的方法。其基本思想是把学生掌握知识、技能的过程程序化,使学生按程序进行独立的、个性化的学习。在整个学习过程中,教师主要充当监督者或者中间人的角色,根据学生学习的速度、效率、效果等给予相应的反馈,即时强化学生的积极学习行为,使得学生的学习效果能够得到及时反馈,这样能够增强学生的学习动力。

▶▶ 2. 程序教学法的五大原则

斯金纳的程序教学法包含五个原则:小步子原则、积极反应原则、即时强化原则、自定步调原则、低错误率原则。

第一,小步子原则,即循序渐进原则。将学习内容分割成许多小的学习单位,这些学习单位是相互联系、难度逐级增加的学习内容。这样,学生面对的是一个个难度较小的学习任务,而不是一个很大很难理解的知识网络。每一个学习单位对于学生来说,通过努力都能够逐步掌握。这样,学生的学习积极性就会得到提高。

第二,积极反应原则。教师即时给予学生相应的学习反馈和指导,学生就可以拥有更多的回答问题、交流互动的机会,而不再像传统教学模式下那样,教师单纯地讲授,学生只是听讲做笔记,师生之间缺乏必要的交流与反馈。

第三,即时强化原则。斯金纳把他创立的操作性条件反射理论和强化理论应用于学习,强调了强化的作用。在斯金纳看来,学生的行为受行为结果的影响。如果想让学生做出预期的行为反应,那就必须在行为之后进行强化,若一种行为得不到强化,那么它就会消失。教师的奖励和肯定会在一定程度上调动学生的学习积极性。强化与学习行为之间的间隔时间不宜过长,否则强化效果将会大大降低。

第四,自定步调原则。学生根据自己的实际情况量体裁衣、循序渐进,按照自己的学习效率和能力水平合理安排自己的学习进度。

第五,低错误率原则。教师在教学中应由浅入深、由已知到未知,使学生尽可能做出正确反应,将学习的错误率降到最低,提高学习效率。

学生自己制定学习计划,在学习每一个小的学习单位时,都能够基本掌握学习内容。因此,学生学会了正确的方法,得到了来自教师的积极强化,从而能够保持较高的学习兴趣和较强的学习积极性。久而久之,学生会激发出学习的内在动力和潜能,会热爱学习。

3. 程序教学法给予翻转课堂的启示意义

程序教学法体现了如何调动学生学习的积极性和主动性,并保持学生学习的兴趣,使学生按照自己的步调组织学习的思想。这对于英语翻转课堂的实施和操作有一定的启示意义。

二、翻转课堂的心理学理论基础

(一)维果斯基的最近发展区理论

除了掌握学习理论和建构主义学习理论外,最近发展区理论也是翻转课堂的重要理论基础。学生在家自主观看视频进行学习,并不是所有内容都能看懂,看不懂的内容记下来,教师在课堂上可以进行集中讲解,这种讲解在学生的最近发展区,能够有效地促进学生向着潜在的发展水平发展,从而提高课堂效率。

1. 学生的发展有两种水平

学生的发展有两种水平：一种是学生现在已有的发展水平，另一种是学生可能达到的发展水平。这两种水平之间的差距就是最近发展区。按照维果斯基的解释，最近发展区是指学生的实际发展水平与潜在发展水平之间的差距。前者由学生独立解决问题的能力而定，后者则是指在教师或家长的指导下或是与能力较强的同伴合作时，学生表现出来的解决问题的能力。最近发展区阐明了学生在近期内将有可能达到的发展水平，包含学生的发展潜能，表明了学生发展的方向和趋势。

维果斯基认为，教学应该着眼于学生的最近发展区，这样可以发挥教学的积极作用。教师应该为学生提供带有一定难度的学习内容，以调动学生的学习积极性，发掘其内在潜能，促使其超越自己的最近发展区而达到难度较高的发展水平，然后在此基础上进行下一个发展区的发展。

2. 最近发展区理论的三层基本含义

最近发展区理论的第一层基本含义是，教学对发展起着积极的促进作用。维果斯基认为，良好的教学应该走在学生发展的前面。维果斯基的最近发展区理论能够指导学生向更高一级的水平发展，有效促进学生的发展，让学生能够"跳一跳，摘桃子"。教学的目的是促使学生的最近发展区转化为学生的现有发展区，由"不能"变为"能"，由"可能"变为"现实"，即立足于学生现有发展水平并突破其限制，循序渐进地推动学生向更高层次发展，追求学生自身发展的最大可能性。

最近发展区理论的第二层基本含义是，学生是自身发展的主体，学生需要在社会交往中获得发展。学生是一个独立的社会存在，对自身发展起着主要作用，拥有自我发展的主动权。学生应勇于承担自己的发展责任。同时，在社会交往互动中，学生拥有与成人同样的平等地位，能够独立自主地表达自己的思想和情感。我们应该给予学生表达自我、展示自我的机会，鼓励其积极主动追求发展并为其提供平等对话的社会环境，二者形成合力，促进学生发展，主动的学生与积

第四章　互联网推动下翻转课堂教学模式的应用

极的社会环境合作可以促进发展。

最近发展区理论的第三层基本含义是,揭示了教学促进学生发展的条件、途径和机制。首先,教学促进学生发展的条件是,教学必须走在学生发展的前面。教师要为学生提供较高层次的、较高难度的学习内容和学习指导。其次,教学促进学生发展的途径和机制是,教师通过在合作式的解决问题过程中帮助学生搭建最近发展区,为学生提供恰当的支持以帮助学生成功跨越最近发展区,实现其潜在的发展能力转变为现实的真实具备的能力。简而言之,在英语教学中,教师应帮助学生不断地创造和超越最近发展区。因此,学生能否跨越最近发展区,往往取决于教师的帮助和支持是否恰当以及教师和学生之间交流互动的质量。

3. 最近发展区理论在教学中的应用

维果斯基的社会文化理论提出了一个重要的概念——搭建脚手架。搭建脚手架,即围绕当前的学习主题,按照学生最近发展区的要求,把复杂的学习任务加以分解,建立概念框架。教师一方面要为学生布置促进其发展的、富有挑战性的学习任务(问题情境),推进学生向更高的智力水平和提出问题的方向发展。另一方面还要在恰当的时机以适宜的方式和方法为学生提供完成这些学习任务的帮助和平台,促使学生发现自身存在的不足,培养学生解决问题的能力。

第一,建立新型的因材施教观。原有的因材施教观是根据学生现有的发展水平和实际情况,给予学生相应的差异化教育。维果斯基的最近发展区理论要求我们不能仅仅局限于关注学生现有的发展水平,还应该为学生提供一个经过努力就可达到的发展水平,推动学生向前发展,超越目前自身已有的发展水平。也就是说,新型的因材施教观既要立足于学生现有的发展水平,又要为学生创设经过努力可以达到的发展水平,不再囿于学生已有的发展水平,而是追求学生发展的各种可能性。因此,在实际教学活动中,教育者不仅应该明了学生现有的发展水平,而且需要掌握学生的潜在发展水平,并且能够根据学生现有的发展水平与可能达到的潜在发展水平,寻找其最近发展区,把握"教学最佳期",以引导学生向着潜在的、最高的水平发展,引导学生超越发展。

第二,鼓励学生在问题解决中学习。在维果斯基看来,在真实的问题解决情境中进行学习能更有效地掌握知识和技能；教学应该为学生提供问题情境，给予学生更多思考问题、解决问题的机会。学生在解决问题的过程中能够成为学习的真正主人，激发好奇心，调动积极性，学会思考，学会探索，学会自我学习，学会通过解决问题来建构知识。美国知名教育心理学家加涅在学习分类中认为，问题解决是最高级的学习活动。

第三，重视交往在教学中的作用。维果斯基的社会文化历史理论提出，儿童在与社会环境（包括成人和同伴）的相互交往中获得社会生存所需要的高级心理智能。建构主义教学流派认为，教学的过程实际上是一种交往的过程。正如尼采所说："一个人总会犯错误的，两个人就开始认识真知了。"交往的双方通过信息的交换和意见的沟通，能够彼此获得提升。德国著名哲学家雅斯贝尔斯认为，在谈话中形成真正的交往，同时交往需要双方彼此的理解。在教学中，师生之间、生生之间通过相互交往、互动、交流、沟通，共同完成学习目标。师生之间、生生之间的思想摩擦、碰撞，有助于师生的共同成长与提高。可见，只有在交往中，学生才能感受到自己存在的现实性和知识的真实性。总之，教育的目的必须通过师生、生生之间的交往实践得以实现。与行为主义者不同的是，维果斯基认为，教学不是单纯的外在知识灌输与被动接受，而是学生积极主动转化吸收知识的过程。

因此，教学需要重视学生的主动性和发展的独特性，关注学生发展的心理需求，注意学生心理发展所需要的中介。学生在交往过程中，能够发现自我，增强主体性，学会与他人交流沟通，学会与他人共处共事，有利于其健康完整的人格的塑造。当前，我国开展的素质教育改革非常重视交往在教学中的重要作用。

4. 最近发展区理论在翻转课堂中的重要体现

翻转课堂实施的目的在于促使学生的个性化学习真正实现，发掘学生的潜能和创新能力。翻转课堂专注于学生的个性化发展，注重基于最近发展区理论的新型因材施教观。最近发展区理论着眼于发现学生的最近发展区，帮助学生跨越最近发展区向具有可能性的更高水平发展。除此之外，与传统课堂相比，翻转课堂更加关注每个学生的现有发展水平，制定符合每个学生实际情况的学习方案。翻转课堂注重学生的问题意识培养,让学生学会自主学习,学会发现问题,善于提出问题,体验"发现问题—分析问题—解决问题"的思维过程,锻炼逻辑思维,提升思维品质。此外,翻转课堂也非常关注学生的社会交往能力和自我表达能力的提升,可以说最近发展区理论强调的教育思想和理念在翻转课堂中得到了充分的体现。

(二)皮亚杰的相互作用理论

皮亚杰的相互作用理论认为,先天的平衡过程是发展的最高原则。平衡过程保证了"同化"和"顺应"之间保持着相对平衡的状态,使发展具有连续性,使成熟因素和经验及社会影响有机地结合在一起,使个体以确定的步伐和顺序向着更高水平的平衡状态发展。

同化原本是一个生物学概念,指生物体把从外界环境中获取的营养物质转变成自身的组成物质,并且储存能量的变化过程,皮亚杰把这一名词借鉴到心理学中,用于描述"把外界元素整合到一个正在形成或已经形成的结构中"。顺应是指"同化性的图式或结构受到它所同化的元素的影响而发生的改变",也就是改变主体动作以适应客观变化,也可以说改变认知结构以处理新的信息。顺应是与同化伴随而行的。当个体不能用原有图式来同化新的刺激时,个体便要对原有图式加以修改或重建,以适应环境,这就是顺应的过程。

在本质上,"同化"指个体对环境的作用,"顺应"指环境对个体的作用。"同化"是认知结构数量的扩充(图式扩充),而"顺应"则是认知结构性质的改变(图式改变)。认知个体就是通过"同化"与"顺应"这两种形式来达到与周围环境的平衡的:当认知个体用现有图式去"同化"新信息时,他就处于一种平衡的认知状态;而当现有图式不能"同化"新信息时,平衡即被破坏,而修改或创造新图式("顺应")的过程就是寻找新的平衡的过程。个体的认知结构就是通过"同化"与"顺应"过程逐步建构起来的,这是皮亚杰建构主义认识论的基本观点。

翻转课堂试图以皮亚杰的相互作用理论为根基,以学生已有的知识水平(已有的认知结构)为教学前提,通过向学生提供合适的新的学习材料(如导学案和微课),使学生体验到一种平衡或者不平衡的学习状态。学生为了学习新知识需要改变自己已有的认知结构(需要"同化"和"顺应"),以尽力达到学习目标(获得认知结构上的平衡)。

(三)奥苏贝尔的认知同化学习理论

奥苏贝尔创设了"有意义学习理论",这一学习迁移理论是建立在他的认知同化学习理论基础之上的。"同化"指新旧知识的相互作用。"同化"最初由皮亚杰提出,奥苏贝尔赋予"同化"概念新的内涵,认为学生能否获得新知识,主要取决于学生个体的认知结构中是否已经有了有关的概念。奥苏贝尔强调影响学生学习的首要因素是已有的知识。他的《教育心理学:一种认知观》一书中有这样一句话体现了他的核心思想:"如果要我只用一句话说明教育心理学的要义,我认为影响学生学习的首要因素,是他的先备知识;研究并了解学生学习新知识之前具有的先备知识,进而配合设计教学,以产生有效的学习,就是教育心理学的任务。"

奥苏贝尔认为,认知结构中对新知识的获得和保持的影响因素主要有三个:认知结构中对新知识起固定作用的旧知识的可利用性,新知识与旧知识之间的可辨别性,认知结构中旧知识的稳定性和清晰性。认知结构中的这三个因素称为认知结构的三个变量。这三个变量影响着新知识的获得和保持,同时也影响着知识学习的迁移。奥苏贝尔认为,"有意义学习的心理机制是同化,而同化理论的核心是学生能否习得新信息,主要取决于他们认知结构中已有的有关概念;有意义学习是通过新信息与学生认知结构中已有的有关概念的相互作用才得以发生的。这种相互作用的结果,导致了新旧知识意义的同化"。总之,我们可以看出奥苏贝尔非常重视学生已有的认知结构。

为了促进学生更好地进行有效的学习迁移,根据认知同化学习理论,奥苏贝尔提出了"先行组织者"(先行材料)这一概念。"先行组织者"就是在向学生传授新知识之前,给学生呈现一个短暂的、具有概括性和引导性的说明。

根据奥苏贝尔的学习迁移理论,在翻转课堂实施中,教师应试图把握学生已有的知识结构,为学生提供具有引导性的导学案和教学视频,以促进学生搭建起新知识与旧知识之间的内在联系,重新建构新一级的知识结构。为学生提供具有引导性的导学案和教学视频,能在一定程度上起到"先行组织者"的作用,促进学生理解已有知识和新知识存在的内在关联,从而进行有意义学习和高效学习。

第二节 翻转课堂与传统课堂的碰撞与对接

英语教学改革在全国范围内全面实施,尤其是素质教育的全面深入推进,要求进一步培养学生的科学素养,满足全体学生的终身发展需要,在课程实施中注重学生的自主学习,在教学方法上提倡多样化。可见,英语教学改革对教师提出了更高的要求。这就要求英语教师改变教育观念,改进教学方法,转变角色,促使学生由被动学习转变为主动学习。

翻转课堂流行多年,被认为是正在开启"未来教育"的钥匙。国内多位教育技术领域的专家也极力提倡翻转课堂,探讨研究信息化环境下的翻转课堂教学实践。但是在国内全面实施翻转课堂并取得重大突破的学校却寥寥无几,这不得不引人反思。

一、翻转课堂与传统课堂的教育理念碰撞

(一)翻转课堂应摆脱"应试教育"枷锁

众所周知,在教学改革要求下,传统的教学方式已经不再适应当今课堂。教学改革要求学生学会自主预习、自主探究、自主总结,同时养成良好的学习习惯和思维习惯;要在教师的指导下具备自主探究的能力,以及体验对科学概念和科学规律的探究过程;要在具体的学习中养成实事求是的求知态度,认识到实验是检验科学真理的方法,树立学好科学文化知识将来为祖国做贡献的崇高理想。而现实情况是,在英语课堂教学中,相当多的英语教师还是以讲授为主,"满堂灌"地传授知识,没有充分顾及每个学生的感受和接受能力,使得学生的主体地位缺失。大学英语教学改革所要求的内容很多不能体现在实际英语课堂教学中,教师的教学思想还是没有得到根本的转变。许多学生家长过分看重学生的考试成绩,忽视学生综合素质和能力的培养,于是各种英语考试成了教学的指挥棒。这种情况导致学校和教师不考虑学生的全面发展和终身发展,一味地追求四、六级等考试通过率,造成

英语课堂教学仍以知识传授为重,教学机械化,搞疲劳战术和题海战术,使得学生的知识质疑能力和科学探究能力、学习习惯和解决问题的能力等方面存在很大的缺陷。

因此,如果不改变这些传统教学观念和方式,包括翻转课堂在内的任何形式的高效课堂都难以进行到底,教学改革的要求就难以达到。

(二)翻转课堂要求革除传统教育观念与英语教学方法上存在的弊端

由于长期受应试教育的影响,很多教师在教育观念、教学方法上均存在着弊端,这不仅不利于教师的专业能力的提升和长远发展,而且阻碍了学生全面、健康的发展。这些弊端主要表现在以下三个方面:

首先,教师把教学作为达到教育目的的主要手段,教学成为一个控制的过程,成为知识传递的工具,教师只关心达成教育目的的手段的选择,而忽视了对目的本身及教育本质的追问。

其次,教师把教学看作教师的"教"与学生的"学"的简单拼合。教师所谓的"教"只不过是把书本上的既定知识传授给学生,是信息的单向传递;学生的"学"只不过是单纯接受教师讲解的知识,学生成为被动接受知识的"容器"。

最后,传统教学忽视了学生鲜活的体验,忽视了学生的自主性和能动性,缺乏学生之间的交流与互助。这样,课堂教学就受到了严重影响,教师往往把复杂的教育活动简化为"教书",似乎把书本上的知识传授给学生就是教育的真谛。这种观念给这些教师带来一种错觉:教师的职责在于"教书",教得越卖力,对教育事业越忠诚。

基于此,在相当多的传统教学模式下的学校中,依然流行着死记硬背的学习方法和机械灌输的教学方式,阻碍了学生人格的健全发展,使学生成了应试的机器。这样的教育已经与教育最初的目的相背离。

翻转课堂这种新兴的英语教学模式,首先要求教师改变原来的教育观念。教师是否愿意改变、能否改变,是必须解决的关键问题。其次,这种教学模式还要求教师具有一定的信息技术素养,这样才能录制微课、编辑视频等,如果想要做得更好,还可以做专题网站、开通博客等,这无疑要求英语教师具有更高的信息技术能力。英语翻转课堂对教师的综合素质要求很高,教师要以海纳百川的胸襟进行自我充实,要有足够的经验和气场把控课堂的节奏,调节课程的进度,要有足够宽阔的视野引导学生探索更广阔的世界。

二、翻转课堂与传统课堂的对接

(一)学校作息时间安排问题

英语翻转课堂教学模式需要学生在课后花费较多的时间自主学习,需要学校在教学时间的安排上做出适当调整并予以支持。在翻转课堂教学中,教师不应占用学生过多的课余时间,应该让学生有充足的时间自主学习。教师要严格控制作业量,留给学生课后的主要学习任务是观看教学视频和完成具有针对性的练习。

(二)学科的适用性问题

目前,国外开展翻转课堂教学实验的学科多为理科类课程。理科类课程知识点明确,很多教学内容只需要清楚地讲授一个概念、一个公式或一道例题、一个实验等,其学科特点便于翻转课堂的实施。而对于文科类课程(如英语、历史、语文等),其授课过程往往会涉及多学科的内容,而且需要教师与学生进行思想上的交流、情感上的沟通才能起到良好的教学效果。那么,如何在英语教学中应用翻转课堂教学模式呢?这个问题的解决是对英语教师的一个重大挑战,需要教师提高教学视频的质量,引发学生的深度思考。教师制作的英语教学视频要概括课程中所讲授的基本知识点,阐述相关理论,让学生在课后查阅资料并思考问题,然后在课堂中与教师、同学进行交流探讨,逐步深化理解。

因此,对于不同的学科,教师应该采取不同的策略来完成翻转式教学,并根据学生的反馈情况推进教学改革。

(三)教学过程中信息技术的支持

英语翻转课堂的实施需要信息技术的支持。从教师制作教学视频、学生在家观看教学视频,到个性化与协作化学习环境的构建,都需要计算机多媒体技术的支持。

网络宽带和网络速度问题是制约我国众多学校开展在线教学的因素之一。在实施翻转课堂教学时,学校要通过各种途径解决这一问题。例如,配置高性能服务器,增大网络带宽的接入量,有条件的学校实现校园Wi-Fi无死角覆盖等。学生在课后是需要通过计算机和网络进行学习的,对于一些缺乏硬件条件的学生,学校应该提供相应的设备支持,如学校机房应在课外时间仍对学生开放,做到让学生在校园内随时可以进行网络学习。

教学视频制作的质量对学生的课后学习效果有着重要的影响。从前期的拍摄到后期的剪辑都需要有专业人士的技术支持,不同学科的视频设计也应有不同的风格。实施翻转课堂教学实验的学校需要给授课教师提供技术上的支持,并且从视频的设计到制作再到发布要形成流程,为后续教学视频的制作提供经验。

此外,决定翻转课堂成功与否的一个重要因素是师生、生生之间的交流程度。利用信息技术为学生构建个性化与协作化的学习环境至关重要,其中涉及网络教学平台的支持。学生可以通过平台根据自己的学习能力和需求制定学习计划,教师可以根据学生的反馈设计不同的教学策略。

(四)对教师专业能力的挑战

在翻转课堂的实施过程中,教学视频录制的质量、对学生进行交流讨论合作学习的指导、课前学习任务的设计、学习时间的安排、课堂活动的设计和组织,这些需要教师来完成的事情都对学生的学习效果有着重要的影响。因此,在实施翻转课堂过程中,要加强对教师的培训。首先是促进教师教育观念的转变和教学理论水平的提升,提高教师的教育专业研究能力,促使教师能够在教学中贯彻以学生为中心的教育理念,关注学生的个体差异,给予学生个性化指导。其次是加强对教师信息技术素质的培训,使教师在视频录制技术人员的帮助下,能够录制情感丰富、生动活泼的教学视频,避免呆板、单调的讲述。教师在网络教学平台中要引导学生积极地进行交流,通过基于问题、项目的探究式学习,调动学生的积极性、探究性。另外,课堂活动也需要教师根据学科特点来设计与组织。

(五)对学生的自主学习能力和信息素养的要求提高

学生在课外观看教学视频后,自己完成课前练习并在互联网上查找资料,总结问题,然后在课堂中与教师、同学进行讨论。这一切安排都是建立在学生具有良好的自主学习能力和信息素养的基础上的。学生只有具备较强的自主学习能力,才能够自己通过教学视频进行课程内容的学习,在课前练习中找到自己的疑问,并合理地安排自己的学习时间。学生只有具备较高的信息素养,才能够在网络中进行资源检索,通过网络教学平台与教师和同学进行沟通交流。因此,在实施英语翻转课堂的过程中,要注重学生的自主学习能力的培养和信息素养的提升。此外,学生如何有效阅读教材,如何观看微课,如何记笔记、做标注、记反思,如何进行小组合作学习,如何与同伴交流讨论等都需要进行相应的培训和指导。

(六)教学评价方式的改变

用传统的笔试是无法测试学生在英语翻转课堂中的学习效果的,因为翻转课堂还涉及学生的合作能力、组织能力、个人时间管理能力、表达能力等。教师必须改变评价方式,构建新的评价体系,在对学生的评价中,多对学生进行过程性和发展性的评价,注重对学生的情感、态度和价值观等方面的评价。当然,评价方式的改变需要学校政策上的支持。

三、翻转课堂过程中教师角色的转变

如果用一句话来描述翻转课堂后教师角色的变化,那么这句话就是,从"站在学生和知识之间"到"走到学生旁边"。在传统的课堂上,教师站在学生和知识的中间,是知识的传递者。而在翻转课堂的教学模式下,学生直接学习知识,英语教师是学生学习知识的帮助者。英语翻转课堂的教学模式强调的是学生自己直接学习知识,遇到不懂或不明白的地方再来问教师或者同伴,如此彰显学生在知识学习中的主体地位和主动性。教师从以往"讲台上的圣人"转变为走到学生中间巡视、观察和帮助学生学习的"学生身边的指导者或辅导者"。

在传统的英语课堂上,教师向学生讲授知识,学生课后独立完成作业是几百年来被认为理所当然的教学形式。其背后的假设就是教师是知识的传递者和讲授者,学生需要在教师讲解的过程中才能学到知识。教师的讲授是最为重要的,学生的作业是为了复习与巩固教师在课堂中传授的知识。课堂教学需要以教师的教为主。相对于传统课堂内听讲的过程,学生做作业的过程是在教师指导下被动学习过程的延续,是为巩固课堂学习而采取的辅助性的教学活动。

从事翻转课堂研究的先驱亚伦和伯格曼发现了一个独特的现象,即学生在学习知识的过程中最需要教师的时候,并不是课堂内教师讲解知识的时候(听知识的讲解可以有很多渠道替代),而是学生做作业遇到难题和困惑的时候。这一教育发现是有可能颠覆以往教育模式的。课堂内,教师与学生在一起的宝贵时间,究竟是要从事学生最需要教师的学习活动即做作业呢,还是从事其他活动如知识讲解呢?基于这一教育发现及对学生学习的新认识,这两位教师更加坚信翻转课堂教学模式的合理性和重要性。

做作业的过程是学生主动吸收和内化知识的过程,在这个过程中,学生会暴露出各种各样的问题。因而,这是发现学生学习问题和需要给予学生个性化指导的重要时机。如果学生的作业是在家里完成的,那么遇到困难时只好求助同学,但并不是所有的同学都是在互相帮助下完成学习任务的。

在传统的教学模式下,学生在完成作业的过程中是比较难以得到教师个性化帮助和支持的。英语翻转课堂则有利于实现这一目标,即教师对学生学习的个性化指导。

在英语翻转课堂的模式下,突出强调学生自己要对其学习过程和结果负责任,学生是学习的主体。学习是学生自己的事情,只有当学生积极主动学习时,真正的学习才会发生。视频录制时,需要教师采用一对一的方式给学生讲解知识;课堂内,教师不再是知识传递者,也不是发号施令者,而是基于课程标准和学生学习实际情况,对未达标的学生给予帮助,保障其学习达到要求的指导者;而对于要求学得更多更好的学生,教师则提供相应材料,提出更深层次的问题,并且当他们在探究过程中遇到困难时,进行应有的指导和辅导。

诚如翻转课堂的发起者亚伦所言:"翻转课堂最大的好处之一,就是全面提升了师生间和生生间的交流互动。由于教师的角色已经从内容的呈现者转变为学习的教练,这让我们有时间与学生交谈,回答学生的问题,和学习小组一起讨论,对每个学生的学习进行个别指导。学生在完成作业时,我们会注意到部分学生为相同的问题所困扰,我们就组织这部分学生成立一个学习小组,给予相应指导。"

四、翻转课堂的教学要求

和西方的翻转课堂教学模式相比,在我国,课堂内教师的指导有所不同,主要体现为我国教师对学生的指导是基于国家教育方针、课程标准的。基础教育阶段学生的学习主要有两种类型:一是基于兴趣导向的学习,即根据学生自身的天赋、爱好和特长,从事自己喜欢的学习项目,学习程度也因人而异;二是基于标准的学习,根据国家、民族与社会发展对人才的要求确定教育标准,然后再把这一标准转化为各年段课程标准。这一标准是对学生的基本要求,每一位学生学习的活动主要是为了达到标准的要求。相较而言,西方比较重视学生基于兴趣的学习,而我国则比较重视基于标准的学习。

因而,在我国的英语翻转课堂内,在突出学生学习主体地位的同时,教师对学生的指导或辅导更需参照课程标准(知识与技能、过程与方法、情感态度与价值观)的要求,更需要参照往年对学生考试的要求。这样的模式被亚伦和伯格曼称为"课堂翻转的掌握模式"。例如,我国不少学校在翻转自己课堂时,同时使用导学案或任务单,就是这方面的表现。

不过,随着我国大学英语教学改革的发展,我国高校对学生个性爱好与兴趣特长的发展给予了越来越多的重视。

五、翻转课堂的主要任务

(一)巩固强化

在我国基础教育阶段,知识学习的达标是学生学习的重要任务。学生通过视频学习解决的主要是知识的接受和理解问题。如果在视频学习阶段,学生没有掌握相关知识点,那么在翻转课堂内,教师的首要任务就是帮助学生理解相关知识,并进行相应的巩固和强化。当前在不少学校内,发放学习任务单或者导学案,是帮助学生理解和巩固知识的重要举措。在学习任务单上,明确列出学习的目标、学习的线索、作业题等。学生看视频时参照学习任务单,看完视频时,需完成学习任务单上列出的作业题,这些作业题有的是选择题,但更多的是批判性思考题,批判性思考题是不便于网上直接用程序来批改的作业类型。上课前,为了了解学生的学习情况,教师需要检查学生学习任务单上作业的完成情况,以此决定课堂上巩固强化的时间。以往,实时了解学生的学习情况是非常困难的,而如今,在大数据分析技术支持下,这已不是难事。

(二)系统梳理

因为微视频学习的知识相对较为零散,是碎片化的知识,所以为了让学生形成系统的知识体系,课堂上,教师需要和学生一起通过回顾的方式,对碎片化的知识进行整理,建构一定的知识体系,帮助学生理解学科(或单元)的全貌。尤其在进行了一个单元的微视频学习后,教师帮助学生一起整理本单元的知识图谱或者知识树,是系统整理知识的重要表现。在深刻理解每个知识点内涵的基础上,让学生明确各个知识点之间的相互关系,以及每个知识点在知识图谱中的地位等,有助于学生整体把握知识概貌,并在自己的头脑中建构起相应的知识结构和脉络,内化所学知识。

(三)拓展加深

对于学有余力的学生,教师需要在课堂上为其准备有深度的学习内容和问题,满足其进一步探索新知的欲望。根据国外的实践,为学有余力的学生进行拓展加深,最好是将这些学生分到一个学习小组内,或者是将其分到一个教室内,进行针对性辅导。所以,翻转课堂就需要和"实时走班"或"及时分组"的教学形式结合起来。

(四)探究创新

探究创新的意识和能力对于学生学习和发展的重要性不言而喻,尤其是在面向不确定的未来社会时,学生的探究创造能力被越来越多地强调。然而,无论是新的项目探究,还是模拟已有的科学推理过程,探究的过程都需要时间。传统的英语课堂上,因为教师讲解知识需要占用相当多的时间,学生的巩固练习也是在课堂内完成,探究的过程往往以"时间不允许"为由被搁置,只有偶尔在需要表演的公开课上,才会有些许的探究活动。

在翻转的英语课堂内,学生因事先学习了知识,课堂上就有较多的时间用于探究活动。基于特定的问题或任务,无论是同伴之间的交流研讨,还是小组合作完成,都是探究和创造的重要体现。

在翻转英语课堂内,因学生事先学习了知识,了解了相关材料和事实,课堂内主要的活动是完成作业、解决问题或从事探究等。因而,较之传统课堂,翻转课堂内,学生的活动较多,师生之间、生生之间的交流研讨较多,学生的发言和展示机会较多。在教师引导下,学生可从事不同的学习活动,课堂氛围比较活跃。这样的英语课堂,初看会感觉有些乱,不像以往的课堂秩序井然。但是,课堂内,只要学生在从事真正的、积极的学习,只要学生在课堂结束前能够证明自己掌握了所学内容,就是成功的课堂。这看起来有点乱的课堂,恰恰是课堂内充满活力的一种表现,是学生真正学习的一种表现。

当然,对于这样有点乱的课堂,新任教师会有些紧张,感觉难以驾驭。确实,翻转课堂的管理对教师提出了更高的要求,教师要能够引导学生真正学习,对学生的不同问题给予相应的解答,仅仅要求学生"坐着不动,站起发言"是不够的。

第三节 翻转课堂教学模式的价值

一、学习动机的增强

从事翻转课堂教学的教师认为,该模式可以让学生提前学习学科知识,学习过程比较自主,也可以和其他同学交流讨论,更为主要的是课堂上学生有更多的表现和参与讨论的机会。因而,学生在课前以及课堂学习中表现出了很高的参与度,提升了学生学习的兴趣,相对于传统的教学模式,他们更喜欢翻转课堂教学模式。翻转学习网站曾对453个从事慕课和翻转课堂的教师做了一个调查,调查表明80%的教师认为学生的学习态度更加积极。某项调查也表明,95%的学生喜欢事先观看视频,在课堂上采用翻转的形式来学习。采用微视频和翻转课堂的形式,学生更多的是积极学习和思考问题,而不是被动接受。

二、师生关系更为密切

翻转课堂教学不是取消教室,更不是用视频学习替代教师讲授,而是一种线上和教室内学习相结合的混合学习模式。它对教师的学科素养和教育素养都提出了更高的要求。许多教师反映,相对于传统模式,在翻转课堂的教学模式下,教师更有时间和学生进行一对一的深入指导和交流,教师更加了解学生,师生谈话更具有针对性,师生交往更有意义,生生的交流互动也更多了。因而,在翻转课堂的教学模式下,师生关系的改善是一大收获。

对于加拿大教师卡萝琳·多莉而言,翻转课堂最初是不想失去和学生密切而又友好的关系。多莉说:"目前,我有机会和每个学生(班级内有30个学生)进行更有意义的谈话,互动交流更多,交谈更加有意义,氛围更加积极,师生关系更加友好。以往我也想这样做,但是我没有时间。"翻转学习网站对教师的调查也表明,翻转课堂提升了教师和学生交流的质量。

三、学生学习更加自主

让学生的学习更加自主,让学生为自己的学习负责,既是翻转课堂教学的核心要素,也是该模式所要达到的最重要的目标。学生自主学习能力的增强,体现在三个方面:一是学生明确自己学习的目标;二是为达到目标而努力学习,无论是视频学习还是其他资料的学习,完成作业、向他人求助等都是努力的表现;三是通过适当的方式证明自己达到了学习的目标。如果学生能在这三个方面有所改善,那么学生的自主学习能力就会增强。从教师和学生的反映来看,在翻转课堂中学习,学生自主学习的能力确实在提升。学者汤姆·追斯柯尔对实践翻转学习的26位教师的调查表明,翻转模式下,学生的学习更加积极。新加坡国立大学的教师认为,实施慕课学习和翻转课堂,对学生有三大益处:一是翻转课堂可以让学生按照他们自己的进度进行;二是慕课学习是一个很好的复习工具,学生可以自由地重新学习以往的课程;三是让学生灵活运用课堂所学知识。

当然,刚开始的时候,学生并不能很快适应这种教学方式,因为学生习惯于在教师的控制下学习,没有自主学习和独立学习的习惯。所以,让学生适应这一学习方式,也需要一定的过程。有的学生一个月就可以适应,有的学生则需要较长的时间。

四、教师工作满意度有效提升

美国翻转学习网站对453个从事慕课和翻转课堂的教师做的调查表明,在实施慕课和翻转课堂教学的过程中,88%的教师教学满意度有所提升,其中46%的教师有显著提升,99%的教师表示明年还会继续采用这种模式。诚如被调查的教师所言:"翻转得越多,越想翻转。"加拿大教师多莉认为,视频的讲解,减少了教师课堂上一遍遍重复讲解,有利于克服教师的职业倦怠。

家校关系更为密切。翻转课堂模式下,学生的视频学习很多时候是在家里完成的。这样,家长就可以更加了解学生整体的学习情况,有时家长也会和学生一起学习视频,一起讨论。总体来说,家长是比较支持这种学习模式的。美国某校长格雷格·格林说道:"我们不仅在教育我们的学生,我们也在教育我们的社区。""学生课前学习视频,课上讨论完成作业,让家长更为直接地了解学生的在校学习,也给了家长积极参与学生教育的机会。并且家长自己也喜欢和学生一起在网上看视频,当学生学习遇到困难时,家长可以更有效地给予帮助。"汤姆·追斯柯尔的调查也表明,80%的学生认为师生和生生之间有了更密切、更积极的关系,90%的教师认为师生关系有了极大改善。

教育变革是一项系统工程,仅仅在某一局部做些变动,其意义将是非常有限的。而翻转课堂作为一种新的教育模式,必然要求包括教学管理在内的教学流程做出相应的变革,同时也对教师包括专业素质在内的专业能力提出了新的要求。

第四节　慕课视域下的英语翻转课堂实践模式探索

一、大学英语 O2O 教学模式建构

经济的全球化和社会生活的信息化,使英语成为最重要的信息载体之一。大学生若能掌握英语,就能开启世界之门,实现多元学习与价值的目标。虽然英语扮演着如此重要的角色,但高校英语教学的日常现状却不容乐观:相当一部分大学生英语基础薄弱、兴趣低下,而传统的 3P 英语教学模式导致大部分学生被动学习乃至厌学。英语教师的教学任务繁重,人均每周 12~20 节课,与学生只是在课堂见面,疏于管理与交流。长此以往,英语教学质量每况愈下。如何处理这一问题呢?苏格拉底曾说过:"教育不是灌输,而是点燃火焰。"因此,培养大学生的自主学习能力是解决问题的根本途径。若能开发一种新型的英语教学模式,充分发挥英语教师的主导作用,把建构主义学习理论运用到英语教学实践中,突出大学生的中心地位和主体地位,培养其英语自主学习能力,便可帮助大学生掌握必要的英语语言知识,为其未来的可持续发展及终身学习奠定基础,树立英语学习的信心。

目前,慕课(MOOC)多应用于高等教育体系,它的发展标志着优质教育资源共享时代的到来,为大学英语教学改革和教育管理提供了千载难逢的良机,而翻转课堂是直接讲授与建构主义学习理论的混合体,多用于基础教育领域,若能找到契合点使二者相结合,则可相互促进。若能凭借 MOOC 先进的学习平台、优质的课程内容和新型的评价方式,便可尝试将翻转课堂模式推广至高等教育领域。基于 MOOC 的翻转课堂有利于提高学习资源的利用率,在宏观上节约高校英语教师的时间与精力,达到最优的教学效果。

(一)现存的问题

要成功构建 MOOC 环境下的大学英语 O2O 教学模式,就必须摆脱传统教

育体制的桎梏并跨越视频课件制作的高门槛,因此,需要在建构主义学习理论的指导下解决下列问题。

1. MOOC 课程的学分认定

相关数据统计结果显示:在国内,能够 100% 完成一门 MOOC 课程,并拿到课程证书的人仅有 5%,大多数人中途就放弃了;而在全世界范围,以 Coursera 平台为例,其课程的完成率也仅有 10% 左右,超低的坚持率让 MOOC 的发展遭遇瓶颈。我国的教育历来看重学历,注重成绩,轻视学习过程,这是实施 MOOC 环境下的大学英语 O2O 教学模式的最大障碍。因此,必须在 O2O 教学模式与传统教学模式之间找到一个较好的契合点,将 MOOC 学习与学分相结合,与学历挂钩,这是构建基于 MOOC 的大学英语 O2O 教学模式更有效的一条途径。

2. 配套技术研究

在这个信息化引领教育现代化的时代,利用计算机技术开展微课程设计已成为教师的必备技能。课件制作是其中的一个高门槛,课件的质量直接决定了基于 MOOC 的大学英语 O2O 教学模式的实施效果。在中国传统教育制度的制约下,大学英语 O2O 教学模式面临着诸多挑战:教育者观念守旧以及专业能力有限、学生自主学习能力低下、缺乏合理的评价机制、缺乏高质量的课程视频等,亟待更多的经费支持和信息技术支持,必须经历更长时间的教学实验和研究。只有拿出更多的成功案例,才能证明在 MOOC 环境下的大学英语 O2O 教学模式大范围推广的可行性。

(二)大学英语 O2O 教学模式的优势

1. 有利于学生知识的建构与内化

建构主义理论强调,知识是学生通过意义建构的方式获得的,而非教师传授获得。大学英语 O2O 教学模式通过 MOOC 平台,将英语知识传递放在课前完成,课内主要开展师生互动和生生协作等教学活动。英语教师应把课堂的舞台交予学生,承担指导者和协调者的角色,力求更好地体现大学生的主体地位,充分调动学生的主观能动性,激发其学习的兴趣,促使大学生更好地完成知识的建构和内化。

2. 有利于实现分层次教学

大学生入校时,英语水平参差不齐,根据认知负荷理论,传统的英语课堂选取统一的教学内容,采用相同的教学组织,导致优等生认知负荷过低,从而浪费教学时间,但后进生却因认知负荷过高而阻碍了学习。因此,在大学英语O2O教学模式中,要为大学生提供层次不同的MOOC视频和学习资源,学生可根据自身的基础,灵活安排学习时间、选择学习资源,不需要担心是否影响他人的学习进程,并可反复观摩课程视频而不必担忧知识重难点的遗漏,实现真正的个性化学习与分层教育。

3. 有利于学生对学习的掌控

心理学家布卢姆的掌握学习理论认为,只要提供最适合的教学模式并予以充足的学习时间,所有学生都能学好。因此,在大学英语O2O教学模式中,要为大学生创造一个舒适的信息化自主学习环境,使得学生不需要像在传统英语课堂上那样神经紧绷地听讲,从而摆脱群体教学模式中教学进度的困扰,英语学习不再受时空限制,大学生可按自己的节奏学习,直至掌握所要求的知识。

二、大学英语O2O教学平台模块及功能描述

(一)大学英语O2O教学平台模块

基于MOOC的大学英语O2O教学平台将是学生提高学习自主性、获取训练反馈、自我提升的一个重要平台。由于"教育技术学把教育过程中的'信息—人—机器'看作一个整体,运用系统方法对教与学的全过程进行设计、开发、管理

与评价",所以该平台必须被设计成一个封闭、可循环提升的自主训练执行系统平台,必须具备教学、提供资源、监控和评价功能。它包含自主学习系统、资源管理系统、教学管理系统、评价反馈系统和等级认证系统,这五个系统形成一个闭合循环的大学英语教学平台,大学生可以依托该平台进行自主学习,实现英语听、说、读、写、译五项技能的自我认证,克服单纯MOOC模式坚持率低以及传统课堂教学自主性差的不足。

(二)大学英语O2O教学平台模块功能

▶▶ 1.自主学习系统

该系统分为选课和自学两部分。系统包含各项英语技能教学视频,重点展示单项英语技能的知识重点和应用技巧。大学生可根据自己的具体情况,选择自己最需要的听、说、读、写、译单项知识技能进行学习,可以自己决定进度,无须按传统英语教师的授课计划顺序来学习。

▶▶ 2.资源管理系统

该系统是课程管理系统。平台上提供各项英语技能资源,如将大学英语精品课程的听、说、语法部分按照难易阶梯进行视频拍摄或者采集名家视频,并导入平台,大学生可根据需要自选与选课系统中对应的课程内容进行学习。平台可鼓励学生拓展学习,链接其他教学资源。

▶▶ 3.教学管理系统

该系统具有监控功能,可记录大学生登录平台后的所有操作过程;具备导航功能,引导学生做下一步的测试和选择;要求学生在线学习,可根据教师后台设定的参考答案进行机器评分,学生查阅或使用平台所提供的资源可加分。监控系统旨在促进大学生的学习主动性,根据在线记录的实际情况给学生分值,在线时间长短、是否阅读平台资源、是否完成课堂随测等在线行为都可以作为奖励依据,大学生可根据分值通过教师设定的比率换算成期末总成绩从而获得学分,此过程报告可称之为过程评价。

▶ 4. 评价反馈系统

该系统主要是为了方便大学生对自我的学习活动进行监控、调节、激励和强化。首先是课堂随测。学生每看完一次课程教学的短视频，系统就弹出课堂随测题，重点考查大学生对重点和难点的理解，结果可生成成绩单。其次是过程反馈。系统可生成大学生所有在线学习过程及在线时长报告单，如看了哪门课程视频，进行过哪些阅读，访问过哪种教学资源，是否做过测试，等等。最后是过关测试。过关测试指在完成一项英语技能的学习后进行的一次整体测试，主要以在线笔试为主，考查大学生是否具备进入更高一阶学习的条件。可使用选择题或 TF(true or false)题，利于机器及时打分并给出成绩。此项可称为单元测试，可生成 TST(teaching steps test, TST Report)报告。

▶ 5. 等级认证系统

为了拓展学习，给大学生一个明确自己英语技能水平高低的依据，可将各级英语标准化考试的真题或模拟题试卷导入认证系统，并按听、说、读、写、译等模块分类设置，使学生既可以选择单项技能认证，也可以进行综合技能认证。因此，设计一套行之有效的技能认证系统是首要任务。本系统中应将大学英语四、六级考试及高等学校英语应用能力考试 A、B 级考试的考查点作为认证系统的一个重要组成部分，细化考核知识点，规范考核评价标准，形成英语技能认证报告。

综上所述，大学英语 O2O 教学平台是一个闭合的循环系统，按照自主选课学习了解监控过程，获得评价反馈，按照英语等级认证的顺序进行学习认证，获得单项认证后又重新按顺序开始新一轮的学习认证，符合螺旋形上升的学习认知规律。

在平台上学生可通过自主选择课程，在线提交各种学习过程报告来申请获得学分。上述提到的 IT Report、FA Report、PT Report 和 TST Report 都要通过在线提供给后台，由英语教师进行综合评定。这四种评价报告主要是形成性评价,有利于培养大学生把控学习过程的能力,鼓励他们逐步实现目标,获得成就感,只有这样,才能避免单纯 MOOC 模式中报名学习的人多而坚持学习的人少的现象。形成性评价与总结性评价的结合是比较合理的方式,因此,在大学英语 O2O 教学平台的评价系统中,大学生的总结性评价表现为在线上传的学生口语演讲或对话视频,每位学生自己拍摄上传的口语视频与四项形成性评价报告经由在线答疑教师考核后可以获得该门课程的 2/3 学分(2/3 为线上自主学习部分的总学分,另 1/3 学分需通过课堂面授获得)。获得学分之后,学有余力的学生可进入认证系统进行拓展学习,参加英语单项技能合格认证,所有英语单项技能通过后可进行综合技能等级认证,以明确自己的实际英语水平。

三、大学英语 O2O 教学模式的建构

(一)教学管理

作为一种课堂形式,大学英语 O2O 教学模式构成一条完整的线上+线下混合学习链,在大学英语 O2O 教学平台上完成线上 MOOC 视频授课+论坛互动作业互评,同时还要确保每门课程都有充足的线下交流时间,让教师与学生面对面,帮助学生加深对自学内容的理解。

对于英语教师而言,MOOC 的兴起是提升自我的一次契机,促进师资强者愈来愈强,所以教师必须适应新形势下的在线教学模式。大学英语 O2O 教学模式所采用的是线上+线下混合教学模式,因此,英语教师必须以团队合作方式参与课程建设,教师应当依据自身所擅长的工作,如教务、讲课或者答疑进行分工协作。教学团队由 MOOC 视频主讲教师+班级责任教师+在线答疑教师组成,并需要一名负责人统筹指导教学团队,确定系统设计结果的形成性评价和总结性评价。而 MOOC 视频主讲教师负责 MOOC 课程内容的设计及制作;班级责任教师则负责管理小班并开展面授,管理所属小班讨论课并做出

课堂评价；在线答疑教师负责在线回答学生提问，与学生互动并统计学生在线学习成果。

(二)教学流程

对学生而言，要想完成一门英语课程学习并拿到相应的学分，并不轻松。按照大学英语O2O教学过程设计，每周会有教师面授1次(1学时)，开展1次小班讨论课(1学时)，就课程单元内容进行讨论，其余时间为大学生自行观看视频教学。每门英语课程均由学生自主选课组班，每班大约25人，按要求定期参加课堂讨论。在考核中，课堂讨论和成果展示的质量是重要参考，这意味着大学生不仅要在大学英语O2O平台认真地自主学习，还要用心准备线下的课堂讨论。

1. 课前知识传授

(1)英语教师应制作或选择合适的课程资源。在选择课程资源之前，英语教师要先行分析单元教学目标和学生的特征，而后分解知识点，制作或选择与教学目标和教学内容最为契合的MOOC课程。课程应为5~15分钟的微视频，有利于学生集中注意力。在设计安排作业与测试题环节中，测试题难度要适宜，数量要合理，太难会打击大学生的积极性，而太简单又缺乏挑战性，难以激发他们的学习兴趣。

(2)学生自主观看MOOC视频。大学英语O2O教学平台提供的是MOOC短视频，并在课程中穿插小测试，以确保学生的注意力更加集中，同时激发学生自主学习思考，以便对知识点进行更好的理解和记忆。大学生可自主选择在线学习的地点，在宿舍或者在学校机房观看；也可自行决定在线学习的时间，可以选择自身学习效率较高的时间点，并在观看MOOC视频过程中随时将不理解之处记录下来。

(3)学生自主完成随堂测试。大学生在看完MOOC视频后，要完成英语教师设计好的作业与测试题，以巩固所学知识。测试以客观题为主，由大学英语O2O课程系统完成评价，学生可针对做错的题目重新观看视频；作业以主观题为主,系统对学生进行随机分组,并按组互相评价对方的作业。学生在评价同学作业的过程中将会对之前所学的知识产生新的理解。

(4)互动交流。大学生通过大学英语 O2O 教学平台提供的社交媒体可与本校的教师及同学互动交流,还可以与外界的学生进行交流,以拓宽眼界,感受不同的思维方式。在利用平台进行交互的过程中,应当充分发挥社会临场感的作用,努力增强在线学生的凝聚力与归属感,使学生快乐、不孤单地学习。大学生通过平台与教师及同学分享自身的学习心得,从而对所学知识达到更好的理解。

2. 课堂知识内化

该教学环节的英语课堂学习采用的是任务驱动的方式。任务驱动法是一种建立在建构主义教学理论基础上的教学法。任务驱动法的特点是以任务为主线,以教师为主导,以学生为主体,能够激发学生的兴趣,有助于提高学生自主探究与协作学习的能力,最终完成对知识的建构。

(1)教师补充讲授。由于大学英语 O2O 教学平台上的视频不可能与教学目标、教学内容完全相符,因此,英语教师在上课时,必须针对 MOOC 视频中与教学目标、教学内容的不符之处做补充讲授。

(2)确定任务。英语教师综合单元教学目标、教学重难点以及学生平台自主学习的实际情况在课前设计出具有挑战性和探究性的任务。在课堂内,根据大学生的特点及其自身的意愿,将全班学生分为若干学习小组,每组 4~6 人。各小组成员共同商讨决定要探究的任务,若有不同的小组选择了同一任务,则小组之间通过互相协商来分配各自要完成的任务。

(3)任务探究。各学习小组内部合理分工,针对任务进行讨论分析。如果任务整体牵涉面较广,就将其分解为若干任务,每个组员独立负责一部分进行探究。如果任务不易划分,那么每个组员都对任务整体进行独立探究。这样既体现了大学生学习的主体地位,又有利于培养大学生独立思考、分析并解决问题的能力。独立探究之后,进一步通过对话、商议、讨论等形式进行任务协作探究。

协作探究活动有益于开拓大学生的创新性思维和批判性思维,对增强学生之间的沟通能力和包容能力都有显著的作用。

(4)成果展示。经过课前的自主学习和课内的任务探究,大学生要在课堂上进行成果汇报和展示。每个学习小组采用合作的形式由各成员轮流汇报,或者推选出一名代表进行汇报。

(5)评价反馈。在大学英语O2O教学模式中,教学评价由英语教师和大学生共同完成。评价内容包括课前自主学习情况、在课堂任务探究过程中的表现以及小组的探究成果等方面。在评价的过程中,大学生与英语教师和同学不断地进行交流,逐步完成知识内化过程。课堂评价结果与大学英语O2O自主学习平台评价结果相结合,形成该门课程的总结性评价。

3. 课后知识巩固与拓展

经过前两个阶段的学习,大学生基本掌握了知识要点,完成了课程目标的学习。若能进一步在教学平台上完成技能测试和过关测试,即可获得该门课程自主学习部分的学分。英语教师根据大学生的学习情况进行点评后,可把优秀的学习作品以视频或者PPT的形式在教学平台上展示,还可收集与教学内容相关的拓展学习资源以设置拓展任务,鼓励学有余力的大学生挑战拓展任务,实现大学生对知识(技能)的巩固与拓展。

四、基于慕课的O2O大学英语教学实验

(一)主要特点

1. 教学目标自主化

大学英语O2O教学模式要求学生在线上和线下的学习过程中整体地接触语言,通过听、说、读、写、译的方式对语言进行认知加工,从而体会语言形式所承

载的内涵。通过反复在线观看视频进行自主学习,学生可在反复实践中掌握所学知识;通过培养学生创造性地在课堂上运用英语的能力,帮助他们将已掌握的语言知识外化呈现。

▶▶ 2. 教学形式情境化

大学英语O2O教学模式的课堂情境预设使学生仿若置身于真实的场景之中,以达到真实运用英语语言知识和技能的目的,从而能够解决具体的问题。这种参与、实践、交流与合作的学习方式开拓了学生的眼界,使他们的学习动机、精神交流、情感投入以及课堂文化也随之产生积极的动态变化,切实符合《英语课程标准》的精神实质。

▶▶ 3. 教学评价多样化

大学英语O2O教学模式以形成性评价为主,通过在线建立学习档案、学生自评与互评,以及教师课堂观察与评价等多种方式,注重学生英语语言运用的综合能力和健全人格的发展。学生的在线自主学习以及在课堂教学活动中独立探究或协作完成任务,不仅强调了对自身英语语言技能的运用,同时削弱了英语教师的主观评价或单一考试结果造成的外部影响。如此一来,学生的自我满足便主要来自对自身能力的内部肯定,从而强化了他们对语言学习过程的投入与关注,有利于形成良好、持久的学习层次递进和自主学习能力的提升。

该模式的优势主要包括以下四点。首先,它的核心理念是"先学后教、以学定教",这有利于提高课堂教学效率。其次,它强调以学生为中心,激发学生学习动机,进而提高学生的有效参与度。再次,它有助于学生自主学习能力的培养,对于知识和技能的学习由被动转为主动,从而优化学习方式。最后,学习活动主要以表达意义为主,避免学生因过分注重语言点的学习而忽视了整个学习过程。当然,该模式的实施也存在着诸多现实问题。

第一,需要院校的支持。该模式是英语教学的教改成果,关系到学生的学分认定、教师工作分配与工作量认定、教学大纲的修订以及后台信息部门的配合等复杂因素，牵涉面极广，目前只能在试点班实验。

第二，在教学设计的过程中，MOOC视频的制作是个难点，必须充分考虑到课程类型的可操作性、视频讲解的难易程度及跨文化交际的影响等因素。

第三，必须对课堂教材进行适度加工以保证MOOC视频与教材内容的匹配。

第四，缺乏参考实例，目前针对O2O教学模式适用对象情况分析的相关研究较少。

(二)与传统3P英语教学模式的差异性

传统的3P英语教学模式是20世纪70年代在行为主义心理学和结构主义语言学的基础上发展而来的一种交际语言教学模式。在英语教学过程中，教师首先通过讲授呈现语言知识，然后让学生在操练中掌握语言知识，最后在控制或者半控制状态之下，让学生进行假设交际并实现语言的输出，从而完成教学过程。

该模式的教学目标是学生在一堂课内必须掌握一种英语语言形式。该模式认为，学生只要通过英语教师对某个独立的语言项目的详细讲解及课堂操练，便能一步到位地掌握课堂所教授的内容并加以运用，而事实上这种目标是难以达到的。其课堂教学形式的重点在于语言的输入，强调语言知识的机械操练与积累。这种简单粗暴的知识灌输加上单调枯燥的语言操练容易对学生的学习兴趣和积极性产生负面影响。在教学评价上，教师一般采用终结性评价（考试测验等），通常只关注学习结果。

该模式的优势主要包括以下三点：首先，保证了教师的主导性，便于教师进行课堂组织管理，提高了课堂教学的有效性。其次，强调了教学的可控性，能有效保障系统性的语言结构形式教学。最后，重视学生的参与性，学生的操练经过教师的精心设计，有利于达到最好的教学效果。

但这种模式也伴随着不言而喻的缺陷：第一，3P模式是以"教"为中心，"先教后学"的知识单向传递的教学模式,它忽视了学生的真实需求和学习地位;第二,3P模式受时间和空间的限制,师生互动以及教学进度难以进行个性化设定;第三,3P模式偏重英语语言形式,而非语言内容,易导致二者失衡;第四,由于偏重语言形式,教学大纲的编写主要以语法为纲领,难以顾及二语习得者的语法习得规律,无法内化二语习得者中介语的语法发展体系。

第五节 翻转课堂在英语教学中的发展前景

一、在尊重差异的前提下稳步推进翻转课堂实施

我国地区之间、城乡之间存在着巨大差异,在发达地区,学生可以人手一台平板电脑;而在落后地区,往往一所学校也就只有几台台式电脑甚至没有。这就要求英语翻转课堂在我国的实施必须采取尊重差异、稳步发展的策略。在教育资源丰富的发达地区,名校名师积极探索翻转课堂英语教学模式,开发微视频,可以较早地获得翻转课堂实施的经验,而落后地区可以主动吸收这些名校名师的成果,利用好微视频,让学生充分享受优质教育资源。

二、英语翻转课堂未来在我国的发展方向

回顾历史,班级授课制从最初出现到形成系统理论经历了近150年的探索。捷克教育家夸美纽斯曾创作《大教学论》,这部伟大的著作为班级授课制提供了理论依据。其实,班级授课制顺应了时代发展的要求,使"一个先生可以同时教几百个学生"成为可能。

今天,慕课带来的是超时空的变革。基于翻转课堂的慕课的一个最不寻常之处就在于,它以"将世界上最优质的教育资源传播到地球最偏远的角落"为理想,试图让全球所有的学生都能获得全球顶尖教师的免费课程。为此,有人甚至夸张地说,慕课使得全球一门学科只需要一个教师,我们不仅在全球各个角落都能享受到

优质的教育资源,而且这些资源还是"移动"的,可以走到哪儿学到哪儿,可以反复学,甚至10年、20年后再学。这就是一个巨大的变革,是继班级授课制之后最大的一次革命,它使教育超越了时空的界限,使得优质教育资源全球共享、全民共享。

运用翻转课堂可以帮助贫困生和其他不能到课堂上课的学生。以前学生生病或参加活动不能上课,通常是教师事后给学生补课。现在翻转课堂英语教学模式可以让学生利用教学视频在家里、在任何时间学习,节省了教师的补课时间。如果将每一学科的核心内容全部制作成教学视频共享,普通学校的学生也可以获得与重点学校的学生相同的优质教育资源,这将会减少教育的不公平,意义巨大。

英语翻转课堂在信息革命背景下应运而生,是信息技术推动教育改革的体现。随着翻转课堂理念的传播,越来越多的英语教师在教学实践中采用翻转课堂教学模式,翻转课堂教学模式会得到丰富和发展,翻转课堂教学模式下的学科教学研究将会逐步开展,学校管理制度和学生管理制度也会相应地得到完善。同时,伴随着信息技术的进一步发展,高新技术应用于教育教学中,必然会推动翻转课堂的进一步优化。

英语翻转课堂的理念很好,但是无论从实施过程还是从效果来看,我们都不能急功近利,还需要不断地探索,找到一条适合我们实际情况的道路。前景是光明的,道路是曲折的,但是只要是有益于学生全面发展的、有助于培养创新型人才的方法都值得尝试。

第五章　大学英语教学方法的创新研究

第一节　大学英语教学方法的选择

一、教学方法选择的目的

教学方法服务于具体教学实践。一般来说,教学方法对教学实践的作用存在两个方面,即短期作用和长期影响。短期作用主要体现在对特定教学内容和教学目的两方面的影响。教学方法对特定教学内容的影响主要体现在对教学内容的选择和展示方式上,而对特定教学目的的影响主要是合适的方法有助于促进该目的实现。教学方法对教学实践的长期影响主要体现在对任课教师正面形象的塑造和教学风格的形成。教师的正面教学形象有助于促进学生学习态度和学习风气的形成,而教学风格的形成有助于促进学生对教师教学的适应,从而有助于提高教学效果。因此,为了实现教学目的、增强教学效果,教师需要适时地选择合适的教学方法。

二、教学方法选择的意义

合适的教学方法有助于提升学生的学习积极性,改善学习方法、学习氛围等,这已是众所周知的道理,该道理同样适用于大学英语教学。总体来说,合适的大学英语教学方法对大学英语教学的意义有以下四个方面:

第一,最直观的意义在于提高教学效率,不同的教学方法对统一教学内容的影响区别很大,教学方法并没有优劣之分,只有适合与否,只有适合的才是最好的,才是有效的,也才能够真正提高教学效率。

第二,教学效率的提升可以促进教师教学,包含教学自信和教学积极性等方面。与第一条同理,只有适合自己的教学方法才是最好的,才能够提升教学效率,而教学效率对教师积极性和自信的提升是显而易见的。

第三,不同教学方法对相同或相似教学内容的作用之间的比较有助于促进教学研究人员根据教学实际开展教学实验及教学研究,从而一方面有助于教师根据教学实际情况及具体教学需求选择最合适的教学方法,另一方面也有助于研究人员对某种教学方法的不足之处加以改进,以便更好地服务于以后的教学实际。

第四,教学实践及教学实验中所取得的数据有利于研究人员根据特定的研究目的而建立特定的教学方法评价体系,并进一步促进教学研究,从而更好地服务于大学英语教学实践。

三、教学方法选择的依据

对大学英语教学方法的选择必须有一定的依据。一般而言,某种教学方法得到采用或弃用主要取决于有权做出选择的有关人员及依据相关评价体系做出评价之后得出的有关数据及分析。具体到大学英语教学方法的选择而言,影响英语教学效果的因素众多,总体上可以归结为教师、学生、教材、环境及其他方面。教师方面的因素又包含教师自身的性格、个性、知识涵养、人格修养、备课认真程度、授课状态及心态、教学风格、身体状态、教学策略与方法等诸多方面;学生方面的因素包含学生的年龄、兴趣、个性、学习方法、学习风格、学习目的及动机、英语基础等方面;教材对于英语教学效果的影响主要涉及教材内容选择的时效性、趣味性等,以及教学内容体系的编排风格、教学内容的设计及可操作性程度等方面;教学环境则包含社会大环境及课堂小环境两方面,社会大环境指整个社会对整个大学英语教学的需求、要求及对大学生英语水平的期待等有可能影响学生英语学习的社会现状,而课堂小环境则包含了教师、教材、教法及学习氛围等外在因素及学生自身的个性、学习目的、学习风格等内在因素。当然,学生的英语水平是综合因素的体现。因此,可能对他们英语水平产生影响的因素也

第五章　大学英语教学方法的创新研究

有很多,包括心理、生理等各个方面。因此,教师在决定选择某种教学方法时需要综合考虑很多方面的问题,具体包括以下五个方面:

第一,该教学方法是否符合某一具体教学目标的要求及是否有助于该教学目标的顺利实现。教师要选择符合教学目标并促进教学目标实现的方法,并且需要根据不同的教学目标选择不同的教学方法。

第二,该方法是否适用于某个班的学生。因为校内各个专业之间学生的英语水平区别很大,各专业学生学习英语的风格也有较明显的差异(如一般认为,多数理工科的学生英语水平相对于文科学生来说要低一些,在课堂参与度方面也要低一些),而多数大学英语教师所带的学生都来自不同的专业,因此在对教学方法的选择上必须将特定学生的专业等因素考虑进去。极有可能的情况就是,教师在给不同的学生教授同样的教学内容时采取的教学方法截然不同。

第三,该方法是否适用于相应的教学内容。不同的教学内容在不同的教学方法下不仅有不同的呈现方式,而且有不同的教学效果,所以教师也需要根据教学内容来选择教学方法。

第四,该方法是否适用于自己的个性特征及教学风格。心理学观点认为,每个人都有自己的个性特征,对于教师而言还有相应的教学风格,一般情况下,个体的个性特征与其教学风格基本一致。所以在选择教学方法时,教师需要将自己沉稳或好动的个性考虑进去,尽量选择适合自己个性的方法,否则会给学生留下"对比过于明显"或者"改变过大或过快"的不良印象,从而不利于教学活动的开展。

第五,已有教学条件能否保障该教学方法的顺利实施。受制于大学英语学时及教学内容相对较多的矛盾,很多传统的教学理念及教学方法已经不利于新时期大学英语教学的开展,过多的板书只会留下更多无法完成的教学内容,但是这也并非是说只要充分利用现代多媒体就一定能保证教学效果,因为多媒体设备的使用有可能会使教学内容的展示速度过快而导致学生无法及时理解和吸收,并且也不是所有高等学校的大学英语教学都可以利用多媒体设备,所以一般情况下的大学英语教学都是结合了传统的板书与多媒体教学设备。所以,教师在选择教学方法和教学理念的时候,还需要考虑教学设备的有效性等其他问题。

四、教学方法的合理使用

语言教学方法就是将语言教学的有关理论系统地运用到语言教学中的方法,是在以实现某种教学目的为目标、以具体语言教学内容为媒介并结合各种手段的实践中实现教学目标的方法。简单地说,就是实现教学目标的教学方式和途径。一般而言,教学方法包含理论基础及具体操作两个层面。理论基础是有关教学方法的基本理论、方法论基础及思维、逻辑等抽象的内容,而具体操作指的是教师在实际教学过程中所采用的具体方式,包含知识展示方式、师生交流方式、教学活动设计及组织方式等应用性问题。

因此,在具体教学活动中,教师首先要注意理论与实践的区别,即注意大学英语教学方法的理论问题及实践操作之间的区别,具体操作需要接受抽象理论的指导,否则教学有可能会变得杂乱无章,毫无逻辑可言。

同时,各种教学理论或方法在语言教学中的使用也并非是完全孤立的,任何一种教学目的的实现都需要多种教学方法的同时参与,如阅读教学中不能仅强调阅读技巧的教学和训练,还需要涉及词汇教学、语法教学、文化教学等多方面,甚至还需要包含语言应用及知识应用等更多方面。在教学过程中综合使用各种教学方法,不仅有助于教学材料得到更充分的利用,还可以丰富教师的教学手段,促进教学活动的多样化开展,进而提高学生的兴趣和参与积极性,最终更好地实现教学目的。

第二节 合作学习法的实践研究

一、合作学习法的基本要素

合作学习法的基本形式就是将学生按照一定的标准分成若干个学习小组,

给每个小组规定一定的课外或课内学习任务,并要求小组内的成员通过合作等形式来共同完成这些学习任务。

(一)积极的互相依赖

小组成员之间必须相互依赖,因为他们之间始终是一个团体,不相互依赖就难以实现真正的合作学习。但这种依赖不是等待,也不是放手,而是学习过程中的分工明确。

(二)积极互动

小组成员在完成自己的任务之后还要与其他成员进行交流,只有与其他人互相交流、互相帮助,才能实现合作。

(三)个人责任及小组责任

在合作学习中,小组成员必须明确自己的责任,同时也必须明确小组的责任及二者之间的关系,正确处理好二者可能产生的矛盾。

(四)人际及组际交际技能

合作学习不仅是学习,也是交际技能的练习和提高。小组成员不仅要学会在组内实现顺利交际及合作,还需学会与其他学习小组之间的合作与竞争。

(五)小组自评

在小组内,评价组员合作的有效性,探讨改善措施。

合作学习是一个系统,不仅需要所有有关方面(包括教师、学生)的共同努力,而且需要具备以上这些因素及小组成员之间的相互合作和帮助才能实现学习目的。因此,具备了这些基本要素并不意味着合作学习的绝对成功,要想成功,还必须确保所有人都积极参与、沟通及合作。

二、合作学习小组的形成

(一)分组的原则

根据以上对合作学习的界定可知,合作学习中的分组首先必须坚持"组内异质、组间同质"的原则。组内异质是为了使不同层次的组员得到相互学习、共同进步的机会,因为不同层次的学生在同与自己不同质的组员交际时可学习的方面更多;组间同质是为了使各组之间的竞争更加公平,不至于出现一个组的学生实力特别强,而另外一个组的学生实力特别弱的情况。当然,也有人曾提出过可以组建组内同质小组的建议,理由就是组内同质有利于因材施教。但组内同质的缺点是组员之间高度的同质化会减少他们同与自己在很多方面存在不同特点的人进行交流的机会。

当然,除了这一最主要的原则以外,分组时还需要考虑其他的原则,如平等原则、自愿原则及动态原则。平等原则主要是指组员之间及小组之间都是平等的,他们平等地参与课内外的学习活动,平等地表达自己的观点或想法等;自愿原则主要是指学生在选择参与到哪个组时有自愿选择的权利,参与活动时也应该自愿参加,任何人都不能强迫他们做任何事情,教师在教学活动中只能引导他们去参与教学活动,而不能强迫;动态原则是指组内的成员不是始终不变的,而是根据情况的发展变化而变化的。

(二)分组的考虑因素

根据上述分组的原则可知,在分组的时候需要考虑很多方面的因素,包括学生性别、个性特征、语言水平、学习习惯、学习方法、思维方式、学习动机、自我控制能力、社会家庭背景等。因为这些因素中的任何一个都有可能对组内的学习氛围、组员关系等造成很大影响,如果考虑不当最终会对教学效果造成消极影响。

(三)分组的注意事项

▶▶ **1. 分组的决定及时机**

在确定小组成员时可以由教师决定,也可以由学生自己决定。如果由教师决定组员,就必须在学生进校一段时间之后进行,因为任何教师都不可能在一两节课后就对所有或者是大部分学生有充分了解,在对学生不是很了解的情况下就进行分组不利于组建理想的小组;而如果由学生自己自由组合来组建小组也有一定的弊端,因为很多学生对分组不够重视,小组要么由自己寝室成员组建,要么由自己和周围的人一起组建,要么由自己玩得好的同学组建,当然不是说这样建组不行,而是这样建组很容易产生组内同质的结果。比较理想的小组组建方式是在学生进校一个月左右的时候进行,因为那时学生对学校已经比较熟悉,对教师也比较了解,更重要的是同学之间、教师对学生也有了一定了解。因此,分组最重要的是合理。

▶▶ **2. 成员的稳定性**

小组组建之后一般不是固定不变的,成员的变化(但不能太频繁,可以是一学期换一次)可以使学生接触到更多的人,更有利于提高他们的交际技巧和能力。

三、合作学习法的优点

作为一种教学策略及模式,合作学习为解决我国当前外语教学中的诸多问题提供了一种方法,并且得到了众多外语教师的欢迎、关注及应用,合作学习有以下四大优势:①合作学习能提供真实的交际环境;②合作学习能增加大量听说的机会;③合作学习能营造宽松、活泼的课堂气氛;④合作学习符合人人进步的教育理念。

　　合作学习在大学英语课堂的使用价值体现在以下七个方面:强调课堂教学过程中的师生互动、生生互动,体现了现代教育理念多边互动的"互动观";学生不仅学到了知识和技能,而且使过程与方法、情感态度与价值观三维教学目标得以实现;充分体现了教师的主导作用和学生的主体作用,以及民主、和谐、平等的师生关系;以团体成绩作为主要的评价依据,形成了"组内成员合作,组间成员竞争"的新格局;有助于英语交际能力的培养;有助于激发学习英语的兴趣;有助于活跃课堂气氛,调节学习节奏。

　　由此可见,合作学习在大学英语教学中的使用符合当前流行的教学理念,由于其坚持以学生为教学活动的中心和主体,使学生随时参与课堂教学活动中,给学生创造了大量听说、读、写、译练习的机会,引发学生积极主动地思考,因此能够真正实现《课程要求》所设定的"提高学生语言应用能力"的教学目标。在学生提高英语语言知识和语言应用能力的同时,还能促使学生不断地与小组成员进行合作及与其他组的同学(特别是在有的学校,大学英语课是很多专业混在一起上的分级教学,班里的很多同学互相之间都不是很熟悉)进行竞争,这有助于提高他们的人际交往能力。

四、合作学习法在大学英语教学中的应用

(一)合作学习法应用的必要性

▶▶ 1. 教学现实的需求

　　我国高等教育扩招后,教师与学生之间的比例失衡几乎是所有高校都必须面对的问题,这一现象在公共基础课中尤为明显,尤以大学英语课为甚。为解决这一矛盾,众多高校的大学英语课由以往的小班上课(每班三四十人)改为合班上课(每班七八十人),表面上来看,班级人数的增加省时省力,还可以减少教师

的教学任务、节约学校的教学资源,但大班上课的问题也随之而来,主要是班级人数过多导致班级教学活动相对比较单一,而为数不多的教学活动又不能保证所有学生的参与,也就不能提高学生的参与积极性。目前,教师和学生对大班教学的形式和效果都持否定态度。

在无法改变师生比例失衡的现状及大班教学需求的背景下,合作学习作为一种新的教学体系及理念得到了实践的机会。合作学习在大班教学中的实践不仅有助于改变班级教学活动过少的现状(因为合作学习能将教学活动安排在课外进行),也能增加课堂内学生参与的机会,进而提高学生的参与热情,还能增加学生的人际交流机会。最重要的是,合作学习强调学生的主体地位,学生因此会更加积极地学习,这也为不同层次的学生提高英语水平提供了更好的平台。

2. 教学目标的要求

《课程要求》中将大学英语教学的目标定义为"培养学生的英语综合应用能力""增强其自主学习能力,提高综合文化素养"。传统的大学英语教学可以使学生掌握很扎实的英语语言知识,但不能使他们掌握较好的语言应用能力,特别是听说能力,主要原因就在于传统教学注重语言知识的教学却忽略了听说等语言能力的教学,但随着社会的发展及国际交流的日益频繁,人们对语言应用能力的需求日趋高涨。同时,为了适应社会的发展,也是大学生自身发展和进步的需求,学生也需要掌握和提高语言应用能力,尤其是外语应用能力,这有助于在日后的工作中获得更好的发展机遇,也可以在文化交流中立于不败之地。

(二)合作学习法的应用策略

合作学习的最大特点是合作,包括教师与学生之间的合作,也包括学生与学生之间的合作。因此,为了达到合作的目的,合作教学中必须讲求策略。

1. 分组策略

为了尽量使小组内的所有成员都得到公平的机会,也为了使小组之间的竞争比较公平,在分组时应该综合考虑各方面因素。

2. 问题设置策略

教师的课堂教学对合作学习至关重要,教师首先需要将语言知识及有效的交际信息通过最有效的方式在最短的时间内传授给学生,其次在最关键及最重要的位置设置问题,这样才能引起学生的兴趣,并调动学生的学习热情和课堂参与积极性。此外,教师设置的问题及情景必须具备一定的深度、广度及难度,这些是引发学生深思的关键所在。

3. 指导策略

合作学习要坚持教师的主导地位及学生的主体地位,因此,在教学过程中,教师要确保所有组员的学习任务,并随时掌握小组的具体动态。同时,教师还要积极有效地鼓励学生之间的交流、互助及信息的分享,培养他们的团队合作意识及竞争意识,有效指导他们养成良好的自学习惯。

4. 评价策略

合作学习既讲究合作,也讲究竞争,组内成员的合作是为了更好地进行组与组之间的竞争。这一兼有特征更有助于提高学生的学习积极性和热情,而为此提供助力的方式就是积极的评价策略及鼓励策略。因此,在教学过程中,教师要经常关注学生在小组活动中的个体表现及小组的整体表现,发现学生参与活动的积极方面,在评价过程中将重点放在积极方面并加以鼓励和正面评价,使学生更加积极主动;而如果给予学生的是消极的评价和打击,长此以往,学生肯定不会愿意参与此类活动。因此,积极的评价策略和学生的积极性之间是呈正相关关系的。

(三)合作学习法的应用过程

作为一种教学方法,合作学习也应该有适当的实施过程。一般来说,比较好的教学方法都有一个基本的从理论到实践再到总结或反馈的过程,合作学习也不例外。

1. 理论讲解

对任何阶段的教学来说,理论讲解是必需的一部分,合作学习也不例外。理论讲解是合作学习的第一步,可以体现教师在教学中的主导地位。每次上课时教师都必须将授课的重点、难点及有关的语言应用技能传授给学生,使学生明确学习内容、目的及需要掌握的沟通技巧,为下一步学习做好准备。

2. 活动准备

活动准备阶段的主要参与者是学生。他们需要根据教师所布置的活动先对小组成员进行分工,明确各自的任务,然后各成员再根据自己的任务来确定自己需要完成的准备工作,如资料收集等。在准备过程中,各成员还须注意与组内其他成员进行信息交换、资源分享等,这有助于节省大量的精力。

3. 活动开展

在相关准备活动完成之后,合作学习的活动就正式展开了。在这一过程中,教师仍然要坚持自己的主导地位,引导学生有效地表达自己,积极与其他成员进行沟通等;而学生则要根据活动的形式来确定自己的参与形式,如在辩论中,学生要根据自己的顺序及角色选择恰当的时机来表达自己的见解,辩论要有序进行,不能混乱。而在角色扮演中,学生一方面要记住自己的台词和顺序,另一方面也要恰当使用诸如表情、语气等各种辅助方式以更好地扮演自己的角色。

4. 教学反思

一个合作学习的活动完成之后,教师和学生都应该对该活动进行总结,主要是总结自己在活动中的表现。学生应该结合教师所做的评价来总结自己和小组的表现及自己在活动中的得与失,以便为将来类似活动做准备。同时,教师也需要对自己在活动中的角色及作用进行反思,主要是对自己的角色进行反思,注意自己是否成功地扮演了引导者、是否对学生的活动干预过多等,有则改之,无则加勉。

(四)合作学习法应用的活动形式

合作学习,重在合作,目的是学习,但合作中也有竞争,竞争的目的是未来更好地合作,因此学习的过程其实就是合作与竞争的过程。结合教学具体情景可知,常见的活动形式都与教学有关,再具体到外语教学来说,所有的合作与竞争活动都与语言学习及应用有关,包括以下内容。

1. 辩论

外语辩论是一项竞争十分激烈的活动,而外语教学中的辩论主要开展场所就是教室,形式与常规辩论基本一致。在辩论活动中,小组成员首先要进行分工,以使自己的责任明确;其次要实现资源及信息共享,以节约精力及时间;最后,在辩论过程中要清楚自己的角色和作用,严格按照分工发挥自己的作用,并适时为队友提供帮助。

2. 角色扮演

角色扮演活动被越来越多的外语教师所采用,目的是给学生提供更多开口说外语的机会,以提高他们的口头表达能力。小组活动中,组员通过使用已有的语言或者改变成新的语言对文章已有的故事情节加以展现,既可以加深学生对文章内容的理解,又可以使他们将所学的比较死的知识变为活的语言,最终实现提高语言应用能力的目的。

3. 对话

对话是外语教学,尤其是口语教学中使用频率最高的教学活动,合作学习中也经常使用。主要形式可以是对课本中已有的对话加以改编或直接诵读,也可

第五章　大学英语教学方法的创新研究

以根据已有话题或情境来编造对话。这样,一是可以练习学生的口语技能,二是可以练习学生的口头应变能力。

▶▶ **4. 游戏**

英语教学中经常使用游戏的方式,因为多数学生都喜欢游戏,而且现在很多的教学理念都强调"游戏中学"这一概念。在非英语专业的大学英语教学中加入游戏并不是很常见,主要原因是大学英语课堂上的学生往往比较多,课内的时间比较有限。而游戏非常注重成员之间的合作,因此,可以在合作学习中适当结合游戏,游戏可以在课外准备或在课外进行。

在游戏中,学生需要将特定的英语知识(如词汇、句型、语法等)融入具体的情景中,以锻炼自己的想象能力和思维能力等。游戏可以有效地活跃课堂氛围,增强学生学习记忆的效果。

▶▶ **5. 作文及翻译批改**

学生的作文及翻译也可以采取合作学习的方式进行,合作形式有教师与学生之间的合作及学生之间的合作两种,而且两种合作都不可缺少。在学生完成写作或翻译之后,先与合作的同学交换并相互修改及评阅,然后教师再加以批改、评阅,在教师的工作完成后,学生还需要根据同学及教师给出的意见或建议对自己的作品加以修改,甚至重写。

相互修改的过程不仅有助于提高被修改者的写作及翻译水平,还有助于提高修改者发现问题及改正问题的能力,同时还可以减轻教师的工作量,所以这是一种"三赢"的好办法。

▶▶ **6. 网络学习**

随着网络的普及,网络已经成为学生生活必不可少的一部分,很多学生甚至将网络视为最可靠的信息来源。因此,现代大学英语教学必须重视网络的作用。合作学习也成为有效利用网络的一种方式,一般来说,利用网络进行合作学习可以采用聊天、讨论、阅读等形式,也可以将作文或翻译通过网络与他人进行交换修改等。

当然,除了上述六种方式之外,合作学习肯定还有很多的方式。对于教师和学生来说,在日常教学中需要做的就是根据具体教学内容采用相应的及相对更有效的合作方式,或者可以用不同的合作方式来完成相同的教学内容。

(五)应用过程中应注意的问题

在合作学习实施过程中,教师应该注意以下几个方面的问题:选择适当的时机,合理构建学习小组,培养学生独立思考的习惯,培养学生分工合作的习惯,培养学生正确交流的习惯,当好教师的角色。这几个方面的问题基本上把合作学习中教师应注意的问题综合在内了,但除了教师应该注意的问题之外,合作学习中还包含不少学生应注意的问题,主要有以下四个方面:

▶▶ 1. 个人与小组的关系问题

个人是小组的一员,因此,在合作学习中,个体需要依存于整体,独立于整体之外的个体的学习不是合作学习。但在合作学习中,我们也不能完全否认个体的重要性,因为整体也是由单独的个体构成的。因此,合作学习中的个体与小组之间的关系问题其实就是独立与依赖的关系,个体需要相对的独立,但也必须积极地依赖整体。

▶▶ 2. 个人目标与小组目标的关系问题

大学英语教学的目标是提高学生的英语语言应用能力,是针对学生整体而言的。但对于学生自己来说,他们所需要实现的目标是将整体目标转化为自己的个人目标,也就是说,单个的学生所需要实现的目标是提高自己的语言应用能力。但在合作学习中,任何个人的学习目标都必须服从于小组的整体目标,任何人都不能独立于小组之外,一是因为合作学习的检验标准及批判标准是针对小组的表现,而不是个人的表现;二是因为合作学习的实施目的是通过合作来实现所有学生的集体提高。当然,合作学习绝不是否认个体目标的实现。因此,可以认为,在合作学习中,个人目标应该依存于小组目标,应该服务于小组目标。

3. 自主学习与合作学习的关系问题

合作学习以提高整体成绩为目标,以合作学习为方式,小组成员之间必须通过合作的方式才能实现学习目标,在合作学习过程中,小组成员必须相互合作、互相帮助,以团结互助的方式开展学习活动。但这并未否认自主学习的重要性,因为只有个体在掌握了一定的知识和信息之后才能有效帮助别人,而个体对知识和信息的掌握的有效方式之一就是自主学习。也就是说,自主学习与合作学习应该是相互支持的关系,而不是相互排斥的关系,自主学习也是为了更好地合作学习。

4. 合作与竞争的关系问题

学习小组的组建应该以"组内异质,组间同质"的原则和标准进行,目的是更好地在组员之间形成合作,通过相互帮助、传授、带动等方式来实现小组成员的共同提高。同时,通过小组之间的竞争来提高学生的竞争意识。这种组内合作、组间竞争的格局一方面有利于培养学生的团队精神,促进学生之间的合作;另一方面也可以通过相互评比、竞争来促进学生的学习积极性。由此可知,合作学习中的合作与竞争是相对的,也是积极有效的,合作是为了更好地竞争,竞争也是为了以后更好地合作。

第三节 自主学习法的研究

一、自主学习的定义

自主学习必须包含学生自主学习的态度、学生自主学习的能力、外部的学习环境三个要素。自主学习具有两种特征：自主学习是学生的情感态度和学习策略等因素综合而成的一种学习机制；自主学习本质上是一种学习模式，是在以教学任务为根本的前提下，学生通过教师的指导，根据自身实际水平和要求制定并实现短期和长期学习目标相统一的学习模式。

二、自主学习与合作学习

合作学习必须通过组内成员之间的协作或者合作才能顺利完成学习任务、实现学习目标，而由于大学学习任务具有多样性等特点，组员之间的合作形式也不尽相同。同时，由于大学生及大学学习所具有的阶段性特点，合作学习也并非大学学习的唯一形式，这也就意味着大学学习形式除了合作之外，必然存在另一种或几种形式，其中自然包括自主学习形式。但自主学习并不完全等同于自己学习。尽管我们不能否认二者之间在某种程度上的相似性，但也必须认识到它们之间的区别。自己学习强调的是独立学习，有可能是为了按时完成某项学习任务而被迫学习，也有可能是为了实现某项学习目标或提前为某项学习任务做好准备而主动学习；但根据对自主学习的各种定义可知，自主学习往往强调的是主动学习或者是在某人指导下的学习，是为了某个学习目标或任务而按照自己的安排或计划主动进行的学习活动，并不涉及任何被动的成分。

由此可知，合作学习与自主学习之间存在着巨大的区别。首先，二者的实施动机不一样。合作学习以完成小组共同的学习任务、实现小组共同的学习目标为动机，而自主学习则以实现学生个体的学习任务和目标为动机。其次，二者的形式与内涵都有很大区别。从形式上来看，合作学习以小组内部成员之间的相互合作为实现目标的手段和形式，而自主学习则以学生独立进行学习为主要手段和形式，并且在合作学习中学生的任务往往是被动接受的，而自己没有太多自由选择的余地；自主学习则不一样，在自主学习中，学生的学习任务虽然也常常受到部分客观因素（如阶段性的学习任务等）的影响，但在安排自己的学习任务上，学生仍有很大的自主性。同时，就二者的内涵而言，自主学习是相对于被动学习、机械学习等而言的,是一种强调学生在学习过程中对学习方法选择的自主性、对学习过程控制的自主性及对学习结果评估及评价的自主性的一种学习模式,而合作学习则应被视为相对于个体学习或独立学习而言的一种学习的组织形式。最后,从在实际学习中的实施效果来看,二者之间也肯定不尽相同。尽管我们都认为任何学习形式或了学习模式的采用都是为了提高学生的学习能力与学习水平,但仅从理论上来看,自主学习由于过度强调学生的自主性,过于依赖学生的自主性及自律,其实施效果肯定会受到诸如学生的自主性及自律能力等各方面的影响,而有的时候也会因为教师对学生的过于信赖而放松对学生的有效监督和指导,促使学习效果大打折扣。在这一点上,合作学习可以有效避免。因为合作学习不仅强调组内合作,还强调组间竞争,合作机制的确立有助于确保学习任务的按时完成,而竞争机制的确立则有助于提高学生的竞争意识,提高学生的学习积极性和学习热情。

从二者的联系和区别上来看,大学英语教学中应该将合作学习与自主学习有机结合起来,充分利用二者的先天优势,使大学英语教学变得更为高效。

三、自主学习在大学英语学习中的必要性

随着大学英语创新的进一步深化及英语在我国社会生活中的地位逐渐提高,如何使英语教学更加高效已经成了全体英语学生、英语教师及研究人员共同关注的话题。同时,国外的外语教学研究也已证明自主学习的优势,因此,在我国大学英语教学中开展自主学习模式的探讨是有必要的。

(一)政策的要求

前文提过,《课程要求》中明确要求大学英语教学要增强学生的自主学习能力。但目前我国很多高校的大学英语教学目标是使学生通过大学英语四、六级考试,取得与英语有关的证书。这种以应试为目的的教学极大地限制了学生的学习主动性,他们多数时间都是按照教师的要求学习,在完成教师布置的学习任

务之余基本上没有多余的时间和精力去安排自己的学习。在这种背景下,《课程要求》照顾到了部分高校想提高学生四、六级考试通过率的现实需求,也顺应了时代的需求。

(二)学生的需求

学生的需求包括学生学习的需求、学生综合素质培养的需求及学生未来发展的需求三个方面。学生永远都应该是学习的主体,传统教学理念到现代教学理念的转变为实现学生主体地位打下了坚实的基础,也为学生自主学习能力的锻炼和增强提供了现实可行的条件和保障。无论是大学毕业生的就业需求,还是他们以后在生活、工作中获取新知识或技巧的现实需求,都要求他们掌握一定的技巧。

现代大学英语教学的目标是培养全方位、高素质的人才,而这种高层次人才的培养不仅仅需要教师的努力,更需要学生的自主参与。自主学习的实现不仅有利于学生现阶段的学习,还有利于他们将来的工作、生活,为他们的终身学习奠定良好的基础。

自主学习模式有助于调动大学生的学习主观能动性和学习热情,激发他们的主动性和自觉性,培养他们的创新精神,而这种精神是新时期国家竞争力的保障和体现,也是大学生竞争力的根本体现形式。因此,坚持以学生为中心,以人为本,培养创新型人才是时代给予当代高等教育的使命,也是学生自身发展的需求。

(三)教师的需求

无论是传统的以教师为中心的教学模式还是现代的以学生为中心的教学模式,教师都起着至关重要的作用。传统教学模式中的教师决定着学生的学习内容等很多方面,而现代教学模式中的教师虽然主要是指导或引导学生的角色,但这种指导或引导对学生的作用在某种意义上来说也会对学生的学习成绩,尤其

第五章　大学英语教学方法的创新研究

是学习习惯及学习方法的养成产生重大影响,其中最主要的原因就是教师在学生心目中有着无可取代的重要地位。

同时,由于当前我国众多高校的大学英语教学仍以通过考试为目标,或者说大学英语教学仍以考试尤其是大型考试为检验标准。所以,为了达到这一目标或标准,教师经常处于非常矛盾的境地:一方面教师希望改变传统的教学方式和模式;另一方面教师又想确保学生的考试通过率。传统教学方式的改变中存在学生考试通过率降低的风险,这是教师无法承担的。而自主学习会使教师的这种担忧有所减少,因为一旦学生掌握了正确的学习方法,养成了良好的自主学习习惯,他们的成绩自然就会有效提升。学生的自主学习只需要在教师的有效监督和指导下就可以进行,监督和指导的方式肯定会有效减少教师的教学工作量,这也说明教师对自主学习方法存在实际的需求。

四、自主学习策略

环境因素、学生自身的因素、教师的教育观念、管理方法及学习方法,所有因素的相互作用最终决定了学生的英语成绩。这一框架揭示了英语成绩的真实原因和理据,即学生的英语成绩是由所有这些因素的共同作用决定的,而不是由某个因素或几个因素决定的。

因此,在自主学习中,学生要合理利用自身的优势,同时利用所在环境中所有的学习资源,在教师的指导下进行学习,要放眼未来,着眼全局,而不能完全根据自己的理解和一时的需要来学习。学生可以借鉴科恩推荐的模式进行自主学习策略的训练,该模式分为五个步骤:①教师对可能有用的策略进行描述、示范并举例说明;②基于学生自身的学习经验,从而引出更多的(使用策略的)例子;③引导小组或全班的学生对策略进行讨论;④鼓励学生练习、使用各种策略;⑤把策略与日常的课堂材料结合在一起,以明确或隐含的方式将策略融进语言任务,为学生提供语境化的策略练习。

五、自主学习模式

不同学者对自主学习的重视导致了诸多自主学习模式的产生。综合研究了诸多学者的研究结果发现,大学英语自主学习主要有四种模式,即合作型、研究型、问题型和目标型。合作型自主学习就是合作模式的自主学习,是团队合作的产物,与合作学习有异曲同工之妙,比较适用于那些善于与人合作的英语学生;研究型自主学习就是探究式的自主学习,比较适用于那些善于思考的英语学生;问题型自主学习强调的是教师与学生之间的互动,比较适用于善于思考、敢于质疑的英语学生;目标型自主学习就是项目式教学的自主学习形式,强调以项目为基础和核心及学生在项目中的参与。这些学习模式并不相互排斥,而是相互支持、互相作用的,学生需要根据自己的个性、学习任务的类型等客观条件做出有利的选择,而不是始终如一地坚持自己的学习习惯。

六、影响自主学习效果的有关因素

任何一种学习方法的实施及其效果都会受到诸多因素的制约,自主学习也不例外。我国大学生要实现真正的自主学习,就必须具备以下五个方面的特征:①内在的、强烈的学习动机,积极的学习态度;②掌握一定的学习策略,制定可行的学习目标;③有能力监控自己的学习过程;④评估学习效果;⑤具有合作意识和能力。这些特征其实也说明了作者所认为的有可能对自主学习效果产生影响的有关因素。

有关可能对自主学习产生影响因素的研究有很多,对大学生的自主学习能力产生影响的因素主要包括内在因素和外在因素两个方面。内在因素包括"学生的学习观念""情感因素""学习策略"三个方面;外在因素则包括"教师和教学模式""教学环境""学习资源"等方面。

影响大学英语自主学习效果的五大因素,即学习动机、英语学习能力、英语学习策略、元认知能力、自我效能感。

综合这些研究不难发现,对大学生的自主学习可能产生影响的因素包括三个方面,即学生方面的因素、教师方面的因素及第三方的因素。

(一)学生方面的因素

虽然教学观念在变化,但一直以来,学生都是学习的主要参与者,是真正应该为学习结果负责的人。众所周知,在实际学习中,很多因素都会对学生的成绩产生影响,包括学生的智商、情绪、方法、目的等诸多方面。综合各方研究发现,可能对学生的自主学习产生影响的因素包含学习目的或动机、学习观念、学习能力、学习策略和元认知能力。

1. 学生的学习目的或动机

学习动机是影响学生自主学习效果的一个重要因素,对学生的学习策略、学习态度、学习效果等方面都有直接影响。有学者将影响学生学习动机的因素归结为四个方面:学习某种语言的目标、学习中的努力程度、实现学习目标的愿望、对某种语言的热爱程度。有学者则将学习动机分为三类:整体动机、情景动机、任务动机。学生的学习动机往往决定着他们的学习态度,明确的学习动机会造就端正的学习态度和积极的学习目的。因此,要想在大学英语自主学习中取得良好的效果,学生首先应该有一个明确的学习动机。

2. 学生的学习观念

学习观念主要指学生对学习所持的态度,即主动学习或被动学习。学生所持的观念会促进或妨碍其自主性的发展,因此教师在提倡自主学习之前有必要了解学生的自主学习观念。学生需要转变自己被动的学习观念,意识到自己才是学习的真正主体,努力发挥自己的主观能动性,从而在自主学习中取得较好的效果。

3. 学生的学习能力

现代教育学观点认为,学生的学习能力源于学生在以往的学习过程中所累积的知识、能力、信心等诸多方面，是一个较为抽象的概念，较难用具体语言加以描述。众所周知，学习能力越强的人掌握新知识就越容易，所花的时间也就越短。在大学英语学习过程中，大学生由于已经在过去十多年的学习过程中形成了一定的学习习惯，拥有了一定的学习能力，因此他们在学习新知识的过程中所表现出来的学习能力有很大差别。

4.学生的学习方法和策略

学习方法和策略对学习效果起着至关重要的作用，方法和策略的有效与否决定着学习的成败，但这里的学习方法并非指自主学习法，而是指学生在自主学习过程中所采取的方法和策略，也就是自主学习的方法和策略。自主学习包括自我的自主学习和在别人指导下的自主学习，自我的自主学习指完全依据学生自身需要并由学生决定的自主学习，在别人指导下的自主学习指学生依据自身学习需要但也依据教师的指导对学习内容、方法、进度等做出一定调整的自主学习。在大学英语自主学习过程中，学生不仅需要根据自己的需求决定自己的学习内容，也需要根据教师的教学要求、教学进度等在教师的指导下进行自主学习，而在这一学习过程中，不同的学生会采取不同的方法和策略，正是这些方法和策略的不同决定了不同学生之间最终学习效果的不同。关于影响学生自主学习效果的学生方面的有关因素，还包含学生的元认知能力和自我效能感在其中的作用。

（二）教师方面的因素

在传统教学中，教师的教学对学生的成绩起着非常重要的作用，主要是因为教师在学生心目中的神圣地位及教师在教学中的主体地位。在现代教学中，以学生为中心的教学理念同样不能忽视教师在其中的重要作用，自主学习中也应如此。

在自主学习中，教师的地位和作用主要体现在以下五个方面：教师是自主学习条件的创造者、大学英语自主学习的管理者、学生英语学习动机的激发者、学生自主学习策略的培训者、大学英语自主学习教学效果的评估者。

大学英语自主学习应该被认为是课堂教学的延伸或补充,而不是课堂教学的对立。因此,即便在以学生为中心的现代教学理念中,教师在大学英语教学中的重要地位也不能被忽视。从某种意义上来说,教师的地位反而得到了增强和提高,因为自主学习的实际效果在很大程度上取决于师生之间课堂内的合作和交流及教师在课外对学生的指导和监督。教师对自主学习效果方面产生影响的因素可能包括以下三个方面:

1. 教师的个性

教师的个性对学生的学习存在很大的影响,如教师的开朗个性和内向个性就肯定会使教师和学生之间的沟通存在差别,有的教师可以与学生打成一片,成为学生的朋友;而有的教师与学生基本上没什么沟通。当然,这里并非说个性开朗的教师一定可以使学生的自主学习取得良好的效果,也没有否定个性内向的教师在这方面所取得的成就,仅仅认为教师的个性在其中起着不同的作用。

2. 教师的教学方法和策略

教学方法之间的联系主要在于相互补充,并非完全否决,而实际教学经验告诉我们,教学方法没有孰优孰劣之分,只有适合与否之别。对于大学生来说,教师的教学方法和策略也没有好坏之分,只有适不适合之说,在不适合自己的时候教师或者学生能否做出适当的调整才是最重要的,只有最适合学生整体的教学方法才是好的教学方法。因此,教师在教学过程和课外指导中都需要时刻留意学生的反映,并需要根据学生的反映对那些不适合的教学方法和策略做出适当的调整,做到以人为本,因人而异,个性教学。

3. 其他方面

教师对学生及自主学习的影响因素不只存在于其个性和教学方法及策略方

面。由于教师的教学和指导是一个综合体系,因此,教师的任何一个细节都可能对自主学习的效果产生影响,如教师在课外对学生自主学习的指导策略和方法、教师自己的学识修养等。

(三)第三方因素

大学英语自主学习是一个综合体系,并非仅仅由教师和学生就能决定其效果。也就是说,还存在第三方的因素,即外在因素。这里的外在因素主要指教材、学习环境、学习资源等。

1. 教材

教材的选择和使用对教师的教和学生的学都存在很重要的影响。教材内容过于陌生或者难易程度不合适肯定会给教师的教带来一定的消极影响,同样也会对学生的学带来消极影响,学生很可能会因为陌生的主题而丧失学习兴趣,也可能会因为知识过于简单或困难而丧失学习兴趣。所以,目前我国各大高校都根据本校学生的实际英语情况来选择比较适合的大学英语教材及参考资料。

2. 学习环境

这里的环境不仅仅包括学生所在班级或英语课堂的学习环境,还包括学生所在的学校的学习环境,更包括整个社会大环境,所有的这些环境综合在一起就构成了自主学习的环境,这一环境的积极与否往往影响甚至决定着学生在自主学习过程中的态度、动机、方法等很多方面,进而影响到学习结果。

3. 学习资源

学习资源指自主学习中可以利用的一切资源,包括教师、教室、书籍、参考资料、录音材料、学习活动等,这些资源对自主学习的影响也比较大。因为在学习过程中,学生需要充足的学习资源才能满足学习的需要,任何资源的缺乏或缺失都会产生影响,而丰富的学习资源并不能保证良好的学习效果,只有这些资源得到充分、合理、有效的利用,才能使资源的价值最大化。因此,在学生的自主学习过程中,教师需要不断地为他们提供学习资源,为他们打造一个立体的自主学习资源体系,通过适当引导将这些资源系统化,不断激发学生的英语学习兴趣,使他们在不断参加英语学习活动的过程中将自己掌握的英语知识转化为英语语言应用能力。

七、我国大学英语自主学习现状及对策

目前,我国很多高校的大学英语教学都是以使学生通过某些英语考试为目标的,为了实现这些目标,大学英语教学实际上还是在延续中学英语的应试教学,在以考试为"指挥棒"的教学理念下,教师的教与学生的学都围绕着考试转,学生很少有自主学习的空间,也就很难发展自主学习能力。这种状况亟待改变,在无法改变"考试主导教学"的现状下要锻炼学生的自主学习能力,不仅要继续加强英语基础知识的教学,学生努力通过各种相关考试,也要努力改变不利于增强学生自主学习能力的因素,主要从以下三个方面来改变。

(一)教师方面

教师是传统教学的主导,也是应试教学的主导,而自主学习需要教师做出改变,否则就会变成空谈。关于教师的教学如何才能有助于学生自主学习,有学者提出了五条建议:帮助学生转变观念,树立自主学习的意识;帮助学生建立自信,营造安全的自主学习心理环境;鼓励小组合作学习,引导学生逐步走向独立;建立自主学习中心,营造良好的学习英语的校园环境;帮助学生进行自我评价,提高自主学习能力。

当然,对于教师来说,首先是转变自己的教学理念,要在教学中善于引导学生发现问题、思考问题并解决问题,引导学生参与课堂活动,培养学生的合作精神及自主学习能力,使学生养成自主学习的习惯。

(二)学生方面

在传统的英语教学中,学生只需要上课认真听讲、认真做笔记,下课后整理笔记,把教师布置的练习按时完成,考试前多做试卷以找到考试状态即可。自主学习中的学生不能再以这种方式来学习,否则增强自主学习能力就成了一句空话。自主学习中学生需要做出相应的改变:一方面,学生需要继续现有的学习;另一方面,学生也要按照教师的指导,强化自主学习的意识和意愿,改变自己的学习态度和观念,培养自己的合作精神,积极参与课堂活动,在学习中主动发现问题、解决问题,养成自主学习的习惯。

(三)学校方面

作为教学的主管部门,学校强调大学英语教学,强调考试通过率,其实无可厚非,因为除了考试他们目前还找不到更好地评估大学英语教学的方法和标准。但在目前自主创新精神和创新能力占据人生未来主要地位的情况下,学校主管部门一方面需要继续坚持以考试通过率为考核标准,另一方面也要加大对新的教学方法的支持力度,大力支持学生自主学习能力的培养和增强。因此,学校需要不断改善教学条件,提供更齐全的学习资源,组织更多的英语学习活动等,并利用这些有效及有利的学习条件促使教师改变教学观念,促使学生改变学习观念、目标、态度等,积极为实现"增强学生的自主学习能力"的教学目标创造条件。

八、网络条件下的大学英语自主学习能力的培养

网络技术的进步及网络的快速普及为英语教学的发展提供了新的契机,同时网络的普及也为大学英语教学带来了一定的挑战,网络条件下的自主学习暴露了教师、学生、自主学习资源三方面的问题。教师的问题主要是部分教师对网络持抵触的态度。学生在网络条件下的自主学习主要表现为自主学习能力差、热情不够。自主学习资源则在很多学校都比较缺乏。这些问题会对学生自主学习产生消极影

第五章　大学英语教学方法的创新研究

响,因此,在自主学习过程中,教师和学生应该共同努力消除这些消极影响。而要想有效改善这些状况,应以教材内容为本,利用网络多媒体环境,培养学生的课前自主学习能力;在学生预习基础上,利用网络多媒体设备进行教学;以课件为辅助,开展课后练习题的自主学习;以网络为辅助,开展学生课后对所学内容的总结和归纳;以自我评价、学生互评和教师评价为基础,建立网上公开评价体系。这些措施包含了教学手段和多媒体教学资源的利用,课前、课中及课后对学生的引导、指导、评价等诸多方面,从理论上来说,应该会有很好的实施价值。

第四节　任务型教学法的研究

一、任务型教学法的出现与发展

随着实践和理论的发展,在交际教学法内部也产生了不同的派别。按照对交际在语言学习中的作用,我们可以把这些派别大致分为两类:强交际观和弱交际观。强交际观认为,语言习得是交际活动的自然产物,语言规则是不需要教的;弱交际观则指出,语言教学并非完全不教授语言,而是应该以交际为手段,促进语言习得的进展,在训练时应该避免单纯的形式性的活动,让练习体现出交际意义。任务型教学法是强交际观的代表之一。

二、任务型教学法的理论基础

(一)任务型教学法的语言学理论基础

任务型教学法要求学生通过协商、讨论的方式进行自然的、有意义的交际,是在交际教学法的基础上发展起来的教学理论。"交际教学法"集合了多种理论,其理论源泉来自四个方面:①功能意念论;②认知论;③语言习得论;④人文主义论。任务型教学法尤其强调了语言的功能性,其理论来源主要是韩礼德的功能语法。

针对"语言能力到底是什么"这一问题,语言哲学和语言学界主要存在两大阵营:以乔姆斯基为首的生成学派强调语言能力的生理基础,认为语言能力源自人类长期进化中形成的专门脑区或脑神经系统。因此,语言能力的存在是一种抽象的原则体系,语言中最重要的是语法系统。相反,功能主义阵营则强调语言的社会性,指出语言的习得与人的社会性息息相关,语法体系只是语言体系的一部分。语言能力是对语言的运用,除语法外,还应该包含得体性、恰当性和实际操作性等特征。交际法认为,语言的目的是表达意义,语言的主要功能是交流和交际,因此语言教学的目的应该是交际能力及利用语言表达说话者目的的能力,而不是语言本身的规则。

韩礼德反对单一地把语言系统作为语言学研究的唯一对象。他认为语言中存在两套系统,这两套系统相互交织,不可分而视之。首先,语言是一种符号,也是整个符号系统中一个极为重要的子系统;其次,语言交际是人的活动,是人作为社会的一部分进行交际的基础。因此,语言交际是一种社会行为,也就是人与人之间的行为。韩礼德的功能语言学认为,语言的社会性是和语言的符号性及系统性同等重要的。其理论研究的目的就是要揭示意义产生的社会根源。任务型教学法正是从这一理论出发,设计了以"语言功能"和"学生的社会需要"为目标的教学模式。任务型大纲以学生可能面临的交际任务为主要对象来设计,采用各种真实性强的活动设计任务,在教学过程中使用真正的交际语言,并完成相应的社会性交际任务,从而达到语言形式的学习和语言的社会性学习的统一。

(二)任务型教学法的心理学理论基础

任务型教学法的主要心理学理论根源为建构主义。建构主义是最新发展起来的一种认知心理学理论,其以心理学和人类学为基础,对当今全世界范围的教学创新都产生了重要而深远的影响。建构主义从内因与外因的互动出发,突出认识主体在意义理解与建构过程中的主观能动性,为英语教学创新开辟出了一个崭新的视野和领域。在外语教学中,建构主义理论指出外语学习不仅仅是学

第五章 大学英语教学方法的创新研究

习语言系统知识,更是把语言学习作为一种培养学生社交能力的手段,学生应该把学习和使用外语知识与个人能力的培养有机结合起来。在建构主义各类理论对外语教学尤其是任务型教学的影响中,维戈茨基理论的影响尤为明显。

维戈茨基在他的理论中强调语言学习的社会性及教师和学生的互动对促进学习的重要作用。他认为,知识的获得是人们交际、互动的结果。人们首先是相类似的、比较一致的个体,然后逐渐在社会交际中变得独立,并获得自己的知识,直至最终形成独立的个体。在维戈茨基的理论中,交际的目的不仅仅是传达信息,更在于它对保持个体的独立性、推动个体发展所起到的作用。维戈茨基认为,社会是造就个体的基础,个体是在社会性的交际中形成与发展的。维戈茨基强调个体发展的三种调节形式:物体调节、他者调节和自我调节,分别指个体受周围环境的影响(指示性的语言),个体受其他个体的影响(他人的言语行为),个体控制自己或他人(对他人的言语行为)。维戈茨基认为,自我调节是语言能力发展完善的象征,是三种调节形式发展的高级阶段。从儿童语言发展的角度来说,小孩从进入社会的那一刻起就开始自我调节的学习。他认为儿童的语言获得是从社会活动开始的,然后慢慢发展,语言逐渐成为思维和行为的主要手段。

概言之,维戈茨基的理论认为,儿童语言的获得是在以交际为目的和成年人及伙伴们的互动中达到的。在语言发展到较高程度时,它就会内化成思维的工具。所以,思维与语言的发展是相互促进、相互调整的。

任务型教学法体现了维戈茨基的理论。首先,任务型教学法强调了学习能力的发展,其主要内容是教学组织,通过目标设定,着重于帮助学生发展在任务中运用语言的能力。可以说,任务型教学法是一种着重于如何达到目标及如何帮助学生实现从物体调节到自我调节转变的教学方法。其次,任务型教学法强调任务的交际性,强调交流必须是真实的、有意义的。任务型教学法从功能而不是形式入手,契合了语言自然习得的过程,即语言习得不是以系统性的语言形式教学为基础,而是一种零散的、充满着各种各样的社会交往、有意义的交流活动。语言的发展离不开社会的交互。

(三)任务型教学法的教育学理论基础

在传统的外语教学过程中,语言系统和语言知识往往是教学的重点。课堂时间主要被教师的讲授所占据,学生缺乏有目的、有意义的交际活动,只是被动接受。任务型教学法重视活动、重视学生积极交际,是对学生自主性的肯定,是帮助学生提高学习兴趣,形成主动学习和解决问题习惯的好方法。

布龙菲尔德认为,"学习语言就是实践,再实践,其他方法都是没有用处的"。吕叔湘也指出,"使用语文是一种技能,跟游泳、打乒乓球等技能没有什么不同的性质,不过语文活动的生理机制比游泳、打乒乓球等活动更加复杂罢了。任何技能都必须具备两个特点,一是正确,二是熟练。语文的使用是一种技能,一种习惯,只有通过正确的模仿和反复的实践才能养成"。王才仁先生提出了"双重活动教学法",其主要思想是:教学的实质是交际,是师生之间的思想、感情和信息的交流;师生构成双主体,是平等、合作、协商的关系;师生作为主体,其认识和实践的客体都是英语,只是角色和任务不同而已,学生的主体作用体现在积极参与活动,实现认识结构的重构;教师主体作用在于精心设计活动,组织活动,推动学生参与,引导学生直接与客体发生关系,促进学生自觉主动地进行信息的输入与输出。由此可以看出,任务型教学法充分实现了教学相长,使教师和学生之间能够进行充分交流,使教学过程变成一种积极的行为,是符合教育学规律的。

三、任务的概述

(一)任务的特征

任务型教学法中所说的"任务"和我们日常所说的"任务"及教学法中的"任务"有很紧密的联系,也有一定的区别。一般语言中所称的任务,通常指日常生活中为了自我实现或回报等目的所承担的工作或任务。从语言教学角度出发,

第五章 大学英语教学方法的创新研究

任务则通常指参照日常活动,以目的语表达为目的的活动。

在任务型教学法中,任务具有日常生活中"任务"所指的有目的的活动的特征,强调任务本身的真实性和实用性。它也具有教学法中所说的以语言教学为目的、将交际引入课堂的特点。同时,它又是教学系统的一部分,不能简单地将任何有目的的活动均视作任务,也不能将它等同于对话练习。从这个角度来说,它又不同于一般的教学任务。

有学者对任务的定义是:"总的来说,交际任务是一种课堂活动,参与的学生需要在使用目标语言理解、处理、产出和互动时,将注意力专注于语言意义而不是形式独立。任务还需要具有一定的完成性,能够作为一种独立的交际形式存在。"这种定义强调了语言学习的行为和意义,将理解、处理、产生和互动视作任务的核心。后来的学者进一步确立了任务更多方面的特征,如目标、步骤、顺序、进度、产品、学习策略、评估、参与情况、资源、语言等。对此,有学者指出,"任务型教学法将任务置于中心位置。它把学习看作一系列和课程的目标相关联且服务于课程目标的任务,因而并非为了语言而练习语言"。任务型教学以"任务"为核心主线来计划和组织教学。任务型教学的任务大纲以任务为单位来设计教学单元,其目标是完成系统性的语言交际任务。一般来说,一个任务组成一个独立的教学单元,而教学则围绕任务进行,课堂教学服务于任务。在这种理念的指导下,第二语言学习的过程被视作等同于母语习得的过程,即在真实的语言环境中,通过大量地接触与使用目的语和其他学生进行互动、协商,从而达到语言的习得。在任务型教学法中,任务的设计和组织必须且能够创造这些条件。因此,任务的设置应该为学生创造真实的或接近自然的学习环境,在任务完成的过程中学生形成互动并进行意义协商,从而实现语言输入、输出和验证的条件。任务本身并不是语言问题,但它们需要使用语言进行实际交际来解决问题。学生使用语言是为了完成交际目的,而不是为了语言本身的学习。因此,任务的设计融合了日常任务的目的性、交际性和教学法任务的语言教学性。

总之,任务型教学法中的任务并非一般的、相互孤立的、任意选择的教学活动,而是按照任务大纲系统设置的课程的有机组成部分。任务一般表现为用语言(口头地、书面地或综合地)处理真实世界中可能或实际存在的问题。任务的设置依照母语习得的特征,符合课程总目标,即语言学习的要求。任务既能让学生习得语言,又能促进学生的全面发展,其自身也具有通识教育的价值。

(二)任务和交际课堂语言活动的区别

任务与交际教学法中活动之间的关系是什么样的呢？有学者把交际活动分为前交际活动和交际活动两大类。前交际活动包括结构性活动和半交际活动两类。前交际活动指以语言形式为中心的语言知识和技能的练习,交际活动指在语言形式的掌握之外,该活动还能够使学生了解其潜在的功能意义,但并不产生真正意义上的交际,并且学生的产出是否合乎要求主要是看其是否具有合法性,而不是交际意图的表达。因此,前交际活动并非真正的交际活动,而是一种语言形式的练习,因为不涉及交际意图和目的,练习方法主要是多次重复,信息传递的方向是单向的,教师指导学生进行操练,学生被动接受。

(三)任务的形式

任务的构成分成五个部分:目标、输入、活动、师生角色和环境。目标包含交际能力、社会文化能力、学习能力和语言文化意识。输入是指"设计任务的数据",在任务型教学法中,输入应该是真实的。活动是指学生在获得输入后需要完成的交际活动。在师生角色中,学生是交谈者,而教师则主要承担以下角色:促进学生、交际参与者和观察者。环境是指课堂教学的方式和方法,包括任务完成的方法(单独进行还是小组进行)、时间的分配等。

在上述各项中,活动在任务型教学法中占据着最重要的位置。可以说,任务几乎等同于这里的活动。关于活动,班加罗尔项目提出了以下三种主要的类型:

第一,信息沟活动,即交际双方存在信息差,一方需要将对方未知的信息传递给他,或者从一种形式的信息转换成另一种形式的信息。

第二,推理沟活动,指活动参与者需要通过推理和演绎,从已知信息中得出新信息,如在一些相互冲突的时间安排中,重新归纳安排出互不冲突的时间表。

第三,意见沟活动,指活动参加者需要表达个人的喜好或态度,通常是在对某个事件的讨论中表达自己的观点。

四、任务型教学法的基本特征

任务型教学法注重如何帮助学生在完成任务的过程中提高交际能力,达到交际目标。另外,任务型教学法也特别注意引导学生发现语言系统本身的学习和应用方法。关于任务型教学法的基本特征,不同的学者给出了不同的意见,概括如下:①强调通过使用目的语互动学会交际;②在学习中使用真实文本;③学生不仅需要关注语言,而且要关注学习过程本身;④强调学生个人经历是促进课堂学习的重要因素;⑤使课堂语言学习和真实语言活动联系起来。

任务型教学法的这些特征有利于提高大学英语教学效果,提供机会让学生体验真实的和实用的英语,激发学生在真实环境中应用英语的自然愿望,挑战学生运用英语作为工具完成任务的能力,能使学生获得成就感,能使学生对自己的学习负责任,能使每一个学生都参与并做出贡献,有助于培养学生预测结果的能力,唤起学生对做事过程的意识,能使学生学以致用,能够让学生独自完成或团体完成任务。

五、任务型教学法的局限性和思考

教学方法的选择是一项极为复杂的活动,某一方面得到突出体现,就必然造成其他方面的减弱甚至缺失。无论是语法翻译法、直接法、听说法还是认知法,都有其合理的一面,同时也存在片面性。我们常说"教无定法",就是因为任何一位教师都不能死板地遵循某一种教学方法,而需要结合学生特点、教师水平、教学目标、教育环境和社会背景进行选择和取舍。教师应该了解各个流派的长处,但也要知晓其缺陷,避免在不适当的环境中使用。任务型教学法的不足主要体现在其理论的激进性和操作难度上。

　　就理论本身而言,任务型教学法遵循较为极端的交际教学理念,几乎完全摒弃或边缘化传统教学的语言规则学习。任务型教学法认为,二语习得有着固定的顺序,不受教学安排的影响;学生会建立一个中介语系统,该系统和母语及目的语系统均不一样,是一个独立的系统;二语习得的过程是学生提出和验证假设的过程,中介语系统在不断地假设验证中调整、重构,从而达到目的语系统。因此,任务型教学法认为,规则的教学是无效的,教学的目的是引起学生对目的语系统的注意,规则的习得需要学生自己去总结。但这种理念低估了规则教学的作用,忽视了大多数二语学生已经成年,认知能力发展可以在习得规则的基础上更高效地学习语言的事实。规则的学习在教学条件缺乏、时间有限的环境下是必不可少的,如果只是寄希望于学生主动发现,必然造成时间的大量浪费,降低学习效率。

　　就我国的教学环境而言,任务型教学法实施起来困难较大,主要体现在以下三个方面:首先,任务型教学法要求学生大量接触和使用目的语,要求学生在和其他学生的交际、互动和协商中体验并归纳语言规则,从而形成目的语知识。这就要求学生的语言学习环境接近或达到自然习得语境,要求他们接触目的语的量非常大,几乎达到沉浸式教学的水平。这种要求在我国目前的教学环境下几乎是不可能满足的,尤其是我们的学生大多数是在校学生,他们的时间非常有限,而且没有语言使用的环境。因此,在操作上纯粹的任务型教学法几乎无法实现。其次,任务型教学法的评估难以量化,其评价依据是任务是否顺利完成,而不设语言专项测试。这种做法难以为普通学生所接受,也无法给学校评价学生提供帮助,很难为人们所接受。最后,在任务排序方面,研究者之间也难以达成共识。

参考文献

[1]庄智象.全国高校"新理念"大学英语网络教学试点方案[M].上海:上海外语教育出版社,2004.

[2]第十三届全国大学化学教学研讨会编委会.第十三届全国大学化学教学研讨会 论文集[M].武汉:武汉理工大学出版社,2015.

[3]仝品生,罗蓉.外语教学理论与实践研究[M].昆明:云南大学出版社,2011.

[4]魏克新.纪念天津理工大学建校30周年教育教学论文集1979－2009[M].天津:天津科学技术出版社,2009.

[5]刘雍潜.信息技术环境构建与教学应用[M].北京:中央广播电视大学出版社,2009.

[6]华北科技学院组织.第27届全国高校安全工程专业学术年会暨第9届全国安全工程领域工程硕士研究生教育研讨会论文集[M].北京:煤炭工业出版社,2015.

[7]教育部高等学校电子信息科学与工程类专业教学指导分委员会.2008年全国高等学校电子信息科学与工程类专业教学协作会议论文集[M].北京:北京邮电大学出版社,2008.

[8]赫易.混合型翻转课堂教学模式在大学英语课堂应用的实证研究[J].中外交流,2017(48):11.

[9]王莉.构建大学英语视听说有效课堂教学模式的初探[J].教育界:高等教育研究(下),2017(12):82-83.

[10]李博.混合型教学在应用技术大学英语写作教学中的应用[J].当代教育实践与教学研究,2017(12):114＋170.

参考文献